Gerd Tesch

Vorlesen im Altenheim
Kurze Geschichten und Ratespiele

Die Deutsche Nationalbibliothek verzeichnet diese Publikation in der Deutschen Nationalbibliothek; detaillierte bibliographische Daten sind im Internet über http://dnb.d-nb.de abrufbar.

Umwelthinweis:
Dieses Buch wurde auf chlorfrei gebleichtem Papier gedruckt.

© 2020 Gerd Tesch
Herstellung und Verlag:
BoD – Books on Demand GmbH, Norderstedt
1. Auflage
Layout und Cover: Manuela Wirtz, Schüller
Coverbilder: freepik.com, lostandtaken.com

Printed in Germany
ISBN 9783751918268

Gerd Tesch

VORLESEN IM ALTENHEIM

Kurze Geschichten und Ratespiele

Die Träume der Jugend weichen mehr und mehr den Erinnerungen – je älter wir werden.

INHALT

Einführung

Seit drei Jahren lese ich in einem Hunsrücker Altenheim wöchentlich den Bewohnern vor, etwa fünfzehn Seniorinnen und drei Senioren.

Ich beginne mit witzigen Kürzesttexten, durchaus auch Kalauern. So kommen wir gemeinsam auf Temperatur.

Bewährt hat sich dann der Wechsel von kurzen Geschichten und Mitmachangeboten, der Wechsel zwischen Vorlesen, Interaktions- und Ratespielen. Diese schulen das Kurzzeitgedächtnis und machen den Teilnehmerinnen Spaß. Gegen Ende unseres einstündigen Zusammenseins singen wir Volkslieder oder Schlager. Die gute Stimmung nehmen wir alle mit in den weiteren Tagesverlauf, so mein Wunsch.

Die Freude an der Wiederholung, der Wiederholung von Gedichten, Redensarten, Sprichwörtern, Liedern (Volks- und Kirchenliedern, ja auch Schlagern) und gelebten Ritualen in Kirche, Dorf und Stadt steckt an. So entsteht, oft unerwartet, immer wieder Gemeinsamkeit, leuchten Glücksmomente auf. Den Augenblick leben, darum geht es. Was denn sonst!

„Wir haben ja nicht mehr so viel Zeit. Worauf also warten?" (Heidrun)

„Überraschen kann uns doch nur noch der Tod." (Frau Zimmermann)

Für die Zielgruppe demenzkranker und hochaltriger Menschen könnten die folgenden Kriterien bei der Auswahl beziehungsweise dem Schreiben von Geschichten, die Sie, liebe Vorleser(innen), vielleicht präsentieren werden, hilfreich sein.

Zu empfehlen sind kurze Geschichten, ein bis zwei Seiten lang. Geeignete längere Texte sollten Sie abschnittsweise vorlesen.

Eine überschaubare, transparente, einsträngige Handlung ist eingängig. Nebenhandlungen überstrapazieren die Aufmerksamkeit.

Deshalb dürfen auch nur wenige Ortswechsel und Zeitsprünge stattfinden.

Den Zuhörern muss ohne Mühe einleuchten, wer mit wem wo und wann worüber spricht.

Dramaturgisch gilt es, die klassische Einheit von Ort, Zeit und Handlung zu wahren.

Zwei bis vier Handlungsfiguren sind optimal. Idealerweise sollte man sich mit (wenigstens) einer Figur identifizieren können. Deren positive Energie und Ausstrahlung können sich auf die Zuhörer übertragen.

Wünschenswert ist eine einfache, alltagsnahe Sprache des Erzählers und der Figuren; Fremdwörter und komplizierte Syntax sind zugunsten eines anschaulich-sinnlichen Stils und einfachen Satzbaus zu vermeiden.

Szenisch-dialogisches Erzählen wirkt lebendig.

Die Handlung sollte entweder realistisch oder märchenhaft sein. Grenzgänge zwischen realistischen und surrealistischen Passagen irritieren demenzkranke Zuhörer.

Ein versöhnlicher oder humoriger Schluss ist wünschenswert, so dass ein positives Grundgefühl bleibt. Eine Pointe ist die Krönung.

Die klassischen Kriterien einer Kurzgeschichte, offener Anfang und offener Schluss, überfordern viele Zuhörer; die Kunst des Andeutens, Aussparens und Weglassens verfängt bei ihnen kaum. Auf symbolische Verdichtungen sollte verzichtet werden.

Geschichten, die Alltagsgeschehen und Dinge des alltäglichen Lebens ins Zentrum stellen, bieten meinen Zuhörerinnen die Möglichkeit, mit eigenen Erfahrungen, Erinnerungen, Gedanken und Gefühlen anzuknüpfen. Vor einer Überfrachtung mit Requisiten ist allerdings zu warnen. Die alltäglichen Erfahrungsbereiche meiner Zielgruppe sind: Dorf, Nachbarschaft, Haus- und Landwirtschaft, Kirche, Feste im Jahresverlauf, Jahreszeiten und deren Auswirkungen auf Natur und Tiere. Bei diesen Themen erinnern sie sich, bringen sich ein, tauschen sich aus.

Erfahrungsfazit: Wenn die Geschichte im Text und im Vorleser lebt, dann lebt sie im Publikum.

Ihr Gerd Tesch

ALLTAGSGESCHICHTEN

Hunsrücker Humor

Fritz und Paul sitzen wie so oft in diesem Sonnensommer am Vormittag im Freiluftcafé am Schlossplatz.

„Darf ich mich zu euch setzen?", fragt Franz, ihr neuer Nachbar. Der ist kürzlich aus der Großstadt zu ihnen, also aufs Land gezogen. „Der guten Luft wegen", sagt er jedem, der es hören will oder auch nicht. Über den Titel *Kreisstadt Simmern* kann er nur grinsen. „Wo ich herkomme, da sind die Vororte dreimal so groß wie euer Simmern."

Mit solchen Äußerungen macht man sich auf dem Hunsrück nicht gerade beliebt. Fritz setzt ein schräges Grinsen auf und Paul grummelt: „Wenn's denn sein muss."

Die Einladung hält Nachbar Franz nicht davon ab, Platz zu nehmen und einen Eiskaffee zu bestellen. Kaum hat die Bedienung ihn serviert, umschwirrt eine Wespe das Sahnehäubchen. Franz fackelt nicht lange, holt aus und erwischt beide, die Wespe und den Eiskaffee. Der ergießt sich über den Tisch und von dort auf seine hellrote Sommerhose.

„Däne homma awa hoordisch [hurtig] gedrunk!", kommentiert Fritz trocken und führt seine Kaffeetasse zum Mund.

Schlagfertigkeit

Jedes Mal, wenn wir bereits um zwölf Uhr Unterrichtsschluss hatten, begegnete ich auf dem Nachhauseweg den Nachbarinnen Else und Elke. Deren Töchter waren in meiner Klasse. Und immer fragten mich die Klatschtanten wie aus einem Mund:

„Und, Jakob, was machen deine Kaninchen?"

Das nervte mich so, dass ich irgendwann die Nase gestrichen voll hatte. Kurz angebunden, entgegnete ich:

„Kniddele!" [Köttel]

Damit hatte sich das Thema ein für allemal erledigt.

Hochdeutsch

Unter Pfalzfelds Dorflinde parkt ein PKW mit Kölner Kennzeichen. Benraths Marie spaziert vorbei. Da kurbelt der Fahrer die Seitenscheibe herunter und fragt:

„Fräulein, könnten Sie uns 'ne Auskunft geben?"

„Ja klar", sagt sie und wendet sich dem fremden Auto zu.

„Sagen Sie, ist es der kürzeste Weg nach Kastellaun, wenn wir durch Lingerhahn und danach an Dudenroth vorbei fahren?

Marie baut sich vor dem Autofenster auf, verschränkt die Arme und sagt:

„Hm! Besser, Ihr nehmt die Strecke über Hausbay. Anschließend fahrt Ihr über Göösad [Gödenroth]. Dann seid Ihr enter [früher] da."

Ein Besuch

Peter erzählt seinem Freund Paul vom Besuch der hessischen Cousins.

„Die wisse gar nix. Aierputsche, Buchsesäggel, Dibbekuche, Flibbesja [Kartoffelpuffer], Reybat [Hosentasche], Quetscheschmeer, all dat kenne die nid."

„Nid se glaawe!", murmelt Paul.

„Dem Fritz honn isch gesaat: ‚Dou bist'n Linkstootsch.' Do hodda misch bleed aangeglotzt", berichtet Peter weiter.

Paul fragt: „Host dou verstan, wenn se hessisch gebabbelt hon?"

Peter kratzt sich am Schwelles [Kopf] und grummelt: „De Fritz, de kann kä Hessisch, dä schwätzt nore hochdeytsch. Un sei Schwesda sabbert noch uff et Selläppche [Schlabberlatz]."

„Kä Wunna", entfährt es Paul.

Namensgebung

„Wie soll der Kleine denn heißen?", fragt die Hebamme.

„Sebastian", kommt es uns wie aus einem Mund über die Lippen.

„Der dreizehnte Sebastian in diesem Monat, allein auf unserer Geburtsstation", näselt sie und schüttelt ihren grauhaarigen Kopf.

Wir schauen uns an, überlegen einen Moment und Andrea sagt kurzentschlossen:

„Johannes."

„Ein Mädchen hätte nämlich Johanna geheißen", erläutere ich der verdutzt dreinschauenden Amme. Augenblicklich huscht ein Lächeln über ihr runzliges Gesicht.

„Schöner Name, passt zu dem Wonneproppen."

Der beginnt bei diesem Lob zu gähnen.

Keine Stunde später quittiert die Standesbeamtin unsere Namensgebung mit einem Augenaufschlag. Der bleibt leider kurz danach aus, als ich es meiner Frau beichten muss: In der Aufregung habe ich vergessen, die traditionellen Anhängsel der Opa-Namen eintragen zu lassen.

Ob die Namensschlange 'Johannes Gerd Gerhard Walter´ meinem Sohn wirklich gefiele? Ich habe da meine Zweifel.

(Erinnert ihr euch an Probleme bei der Namensfindung?)

Der Spitzname

Pfarrer Kistner hatte mich geärgert. Die Gelegenheit, mich zu revanchieren, die bot sich recht bald. Es sollte allerdings eine eher zweifelhafte Revanche werden.

In unserer Pfalzfelder Kirche probten wir die Konfirmationsfeier. Wie immer reichte er mir seine Robe, dass ich sie ihm zum Hineinschlüpfen hinhalte. Mir saß an diesem Nachmittag der Schalk im Nacken: Ich bot ihm die Robe verkehrt herum an. Er fuchtelte mit den Armen und Händen und konnte natürlich die Einschlupflöcher nicht finden. Nicht nur ich hatte Spaß an seinen linkischen Verrenkungen. Meine Mitstreiter grinsten über beide Ohren.

Da machte Kistner auf dem Absatz kehrt und verpasste mir mit den Worten „Du Kroppsack" eine Ohrfeige, die sich gewaschen hatte. Weiß der Teufel, wo der Pfarrer, der sonst nur gepflegtes Hochdeutsch sprach, dieses Mundart-Schimpfwort aufgegabelt hatte. Damit hatte ich fortan jedenfalls meinen Spitznamen weg.

(An welche Spitznamen erinnert ihr euch?)

Aprilscherz

„Dunnerschlaach emool! Deer rauliche Freggert, isch schlaan eich die Käpp in", trommelt er gegen die vernagelte Holztür.

Die Jungen kriegen sich nicht mehr ein vor Lachen und rufen: „Lamedeer nor weire, Aaschbagge!"

Dann ziehen sie grölend von dannen.

Was war geschehen in der Hexennacht?

Sie hatten auf der Lauer gelegen. Sie wussten nämlich, dass Bauer Motzkopp, der grantige Eigenbrötler, der jedem von ihnen schon einmal eine *Backpfeife* verpasst hatte, immer zwischen dreiundzwanzig Uhr und dreiundzwanzig Uhr dreißig zum Plumpsklo vor der Scheune stapfte, um sein Geschäft zu erledigen.

Kaum hatte er die Klotür zugezogen, die Hose heruntergelassen und unmissverständliche Töne von sich gegeben, schlichen sich die vier Lausbuben heran und nagelten die Tür zu. Motzkopp schrie, was das Zeug hielt. Es half ihm nichts. Glücklicherweise nahm wenigstens das frühsommerliche Wetter Rücksicht auf ihn.

Doch erst am Morgen wurde er erlöst. Auf dem Weg zu ihrem Plumpsklo hörte die Nachbarin sein Gejammer und befreite ihn. Statt sich zu bedanken, raunzte er sie an und fluchte auf Gott und die Welt.

Zugegebenermaßen: Unser Rachefeldzug war ganz schön gemein!

Er hätte uns nicht unterschätzen sollen. Das hatte er nun davon.

Übrigens: Die Forellen, die wir aus seinem Teich gefischt hatten, die schmeckten ausgesprochen lecker.

(An welche Aprilscherze, die ihr vielleicht als Kinder selbst riskiert habt, erinnert ihr euch?)

Schabernack

Die Bier-, Wein- und Fusel-Überbleibsel in den vielen Krügen und Gläsern im Tanzsaal haben wir nach durchzechter Nacht am Morgen in Eimer gekippt und sie den Schweinen in die Tröge geschüttet. Lustvoll grunzend haben die sich nicht zweimal bitten lassen. Minuten später bereits setzt die Pupsparade ein. Furzend torkeln sie in der Stallung umher. Meine Freunde und ich, gerade mal fünfzehnjährig, wir haben mächtig Spaß.
„Tolle Idee, Rolf!", klopft Peter mir lachend auf die Schulter.
Bauer Michel hat Wind von unserem Schabernack bekommen und stürzt, wutentbrannt einen Knüppel schwingend, in den Stall.
„Däär Dräggsäck!", schreit er und wir nehmen die Beine unter die Arme.

Hunsrücker Schlachtfest

Vegetarier oder gar Veganer kannte man früher nicht einmal vom Namen her.
Nach dem Krieg, ja bis weit in die sechziger Jahre hinein gab es in den Dörfern Hausschlachtungen.
Viele Hunsrücker waren damals allerdings recht arm. Kartoffeln, Gemüse und Eierspeisen gab es zu essen, dazu Obst, je nach Jahreszeit Äpfel, Birnen, Zwetschgen, Mirabellen und allerlei Beeren. Das Wochenende indes krönte nach dem Kirchgang der Sonntagsbraten.

Das Schlachtfest freilich bereicherte zweimal im Jahr den Speiseplan. Darauf freuten sich alle. Während die beiden aufgeklappten Schweinehälften an einer Leiter, die man gegen das Scheunentor lehnte, abhingen, wurden die Innereien in der Waschküche zum Abendessen zubereitet. Schweineblut, Brotkrumen und gekochte Kartoffeln, gewürzt mit Salz und Pfeffer, wurden gequirlt und zu „Finnsel" verkocht. Dazu tischte man gekochtes Wellfleisch auf.

So auch in der Großfamilie Maus, zu deren Bauernhof gerade mal sieben Hektar Land gehörten. Vier Kühe, zwei Ochsen, acht Schweine und einiges an Federvieh nannte sie ihr eigen. Damit kam man mehr schlecht als recht über die Runden.
Fritz, dem seit Stunden der Magen in den Kniekehlen hing, konnte es kaum erwarten. Nach dem gemeinsamen Tischgebet legte er los. Er *aß wie ein Scheunendrescher* und stopfte sich gehörig den Bauch voll. Dabei kippte er drei Glas Milch in sich hinein. Rundum zufrieden, aber erschöpft blickte er in die Runde der Älteren, die ihn schmunzelnd beobachtet hatten. Einen Rülpser konnte er nicht zurückhalten.
"Hod's da geschmeckt, Bub?", grummelte Opa Paul und entzündete seine Pfeife. Oma Käthe und Tante Lydia nickten und ihre Augen strahlten.

Bevor Fritz zu Bett ging, schaute er treuherzig zu seiner Mutter Else hin und sagte:
"Gell, Mudda, wenn ich wiere Hunga hon,wecksde misch."
"Ey Fritzche, wann kriesde dann wiere Hunga?", fragte sie mit hochgezogenen Brauen.
"Ey, wenn de misch weckst, Mudda."

Vater Hannes gab die Szene zur allgemeinen Erheiterung am Stammtisch zum Besten. Seither fehlte sie in keinem "Verziehlche", das winterabends in Hunsrücker Bauernstuben die Runde machte.

Kondolenzbesuch

Pfarrer Simon besucht den sechsundvierzigjährigen Peter Patzig, um ihm nach dem Ableben seiner Mutter zu kondolieren. Am Morgen ist Anna Patzig nach einer kurzen, aber heftigen Lungenentzündung im Krankenhaus verstorben, fünfundachtzigjährig.

„Dat is jo guud gemäänt, Herr Parre. Awer isch honn jetzt kä Zeyd."

Aus großen Augen schaut der Pfarrer Peter Patzig an. Vor bald dreißig Jahren hat er ihn konfirmiert. Seitdem hat er ihn nicht mehr in der Kirche gesehen.

„Ich muss jetzt Bundesliga gucke. Mei Mudda, die däd dat vastehn."

Ein Dienstwagen für den Pfarrer

Wir schreiben das Jahr 1953. Der Präses der Evangelischen Kirchensynode und spätere Bundespräsident Gustav Heinemann besuchte, eher zufällig, Pfarrer Otto Kistner im Pfalzfelder Pfarrhaus. Mit übereinandergeschlagenen Beinen und einer Tasse Kaffee in der Hand musterte Heinemann den ranken und schlanken großgewachsenen Mann, der genüsslich an seiner Zigarette zog.

„Na, Herr Pfarrer, Landleben hält fit, oder?" „Einerseits ja, andererseits … bei Wind und Wetter seine Schäfchen zu Fuß bis nach Gondershausen und Beulich aufsuchen zu müssen ist nicht immer gesundheitsfördernd." Bei diesen Worten ereilt ihn eine Hustenattacke.

„Wie weit ist das denn?", fragt der Gast mit hochgezogenen Brauen.

„Na da kommen hin und zurück locker fünfundzwanzig Kilometer zusammen."

„Das ist unzumutbar", entfährt es Präses Heinemann, der aufsteht, hin und her geht und sich das Kinn reibt. Abrupt bleibt er vor dem Pfarrer stehen.

„Wissen Sie was, Herr Kistner, ich werde für Sie bei der Kirchenleitung in Düsseldorf einen Dienstwagen beantragen. Und, glauben Sie's mir, die werden den genehmigen."

Heinemann sollte Recht behalten und der Pfarrer als einer der ersten im Dorf ein Auto fahren.

Fünfzehn Jahre später kaufte ich, gerade stolzer Besitzer des Führerscheins, Kistner den DKW ab. Ein Jahr hatte ich Spaß mit der klapprigen Kiste, selbst wenn ich den Motor bei Wind und Wetter mit der Handkurbel starten musste. Dann aber beendete der DKW seine aktive Lebenszeit bei eisigen Temperaturen und eisglatter Fahrbahn an dem steinharten Begrenzungspfosten einer hunsrücktypischen Landstraße.

Als Hühnerstall neben der Scheune meiner Eltern fand er einen ungeahnten Unruhestand.

Ein Krankenbesuch

Dem Bennasch Herrmann soll es nach seinem unglücklichen Sturz von der Leiter nicht gut gehen, hat man Johannes Simon wissen lassen. Er macht sich alsbald auf, den knorrigen Bauern zu besuchen, der mit seiner Schwester in dem arg heruntergekommenen elterlichen Gehöft am Dorfrand wohnt.

Die Schwester, deren Arbeitsmontur Stallgeruch ausdünstet, ist überrascht von dem Besuch. Nach kurzem Zögern führt sie ihn in die niedrige, enge Krankenstube. Ein matter Lichtschein quält sich durch ein staubbedecktes schießschartenartiges Fenster. Es riecht nach kaltem Rauch und nassem Holz. Frischluftzufuhr wäre nicht schlecht, geht es Simon durch den Kopf. Die bekopftuchte Schwester fragt Simon, ob er ein Glas Frischmilch wolle. „Nein, danke", antwortet er.

„Dann eben nicht", murmelt sie und schlurft aus der verräucherten Kammer hinaus.

Herrmann, dessen eingegipstes Bein in einer Schlinge hängt, zieht eine Schnute beim Anblick des Schwarzkittels. Was will denn der von mir?, scheint er zu argwöhnen. Unwirsch bietet er ihm mit einer schlappen Handbewegung den abgewetzten Holzstuhl neben dem Bett an.

„Eine Sprosse von der Leiter war morsch und ist weggebrochen. Da hab ich das Gleichgewicht verloren. Der Korb voller Zwetschgen ist mir aus der Hand gefallen … und ich auf die Zwetschgen drauf. So ein Biest von Wespe hat mich im selben Moment gestochen."

Ein regenbogenfarbiger Streifen ziert die eiförmig angeschwollene Wange, die das linke Auge überwölbt. Das hat sich klein gemacht, hat sich in seine Höhle zurückgezogen. Das rechte Auge stiert aus dem zerfurchten, ledernen Gesicht. Es heftet sich auf den ungebetenen Gast. Den überrascht Herrmann mit einer unerhörten Frage, genauer gesagt, mit einem Vorwurf:

„Gell, Herr Pfarrer. So richtig glaubt Ihr selber nicht, was Ihr so von der Kanzel herab erzählt, oder?"

Simon zieht die Brauen zusammen und fragt:

„Was erzähle ich denn so von der Kanzel herab, Herrmann?"

Blitzartig schnellt der Kranke, Fußschlinge hin oder her, in seinem Bett hoch, stützt sich auf den Ellenbogen ab und grantelt:

„Woher soll ich das wissen, Herr Pfarrer? Habt Ihr mich die letzten Jahre auch nur einmal in der Kirche gesehen?"

Simon schüttelt den Kopf.

„Na also", grinst Herrmann.

„Trotzdem behauptest du, dass ich selbst nicht glaube, was ich predige. Wie kommst du dazu, Herrmann?"

„Was man so hört", schnauft der und sinkt ins Kissen zurück.

„Was hört man denn so", lässt Simon nicht locker.

„Was seid Ihr neugierig, Herr Pfarrer!", grummelt Herrmann.

„Und?", drängt Simon.

„Nun, ja", bequemt er sich zu einer Antwort, „euer saublöder Hinweis auf Abraham, Moses, David und Jesus. Deshalb sollen wir die Flüchtlingshorden mit offenen Armen aufnehmen? Geht's noch?"

„Abraham, Moses, David und auch Jesus waren allesamt Flüchtlinge", antwortet der Pfarrer seelenruhig.

„Was würde denn eure Frau sagen, wenn das Haus voller Schwarzer wäre?", fragt Herrmann.

„Wir haben gestern eine vierköpfige Familie aus Eritrea aufgenommen", sagt Simon.

„Und wenn die euch dauerhaft auf der Tasche liegen …?", raunzt Herrmann.

Simon überhört die Frage.

„Die beiden Jungs dieser Flüchtlingsfamilie sprechen schon recht gut Deutsch, Herrmann. Soll ich die mal zu dir schicken? Die erzählen dir gerne Geschichten aus ihrer afrikanischen Heimat."

„Was mich nicht die Bohne interessiert", winkt Herrmann ab, denkt aber kurz nach und sagt dann:

„Die können aber gerne meiner Schwester auf dem Acker helfen, solang ich es nicht kann."

Bei diesen Worten zeigt er auf sein Gipsbein.

„Das werden die gerne tun", meint Pfarrer Simon zur Überraschung Herrmanns und verabschiedet sich, ohne die Genesungswünsche zu vergessen, die man ihm aufgetragen hat.

Habt ihr vielleicht einen Wunsch, wie die Geschichte weitergehen könnte?

Die Schokoladenspur

Mit knurrendem Magen wagt er einen Abstecher in die Küche. Dort springt ihm der Kuchen in die Augen. Der honigsüße Duft der Torte, die ihm seine Mutter immer zum Geburtstag gebacken hatte, steigt ihm wieder in die Nase, lässt ihm das Wasser im Mund zusammenlaufen. Er fackelt nicht lange. Zeige- und Mittelfinger stößt er durch die Schokoglasur und schleckt dann die Finger ab. „Mmmm …, prima", grunzt er. Im selben Augenblick wird seine Kuchenglückseligkeit gestört.

„Bist du verrückt!", raunzt sein Kumpel. „Wir müssen verschwinden, und zwar schnell. Sie kommen."

Hals über Kopf machen sich die beiden Ganoven vom Acker.

In ihrem mit Diebesgut vollgestopften Kleinwagen rauschen sie davon.

Sekunden später wird die Haustür geöffnet. „Bringt die Taschen in die Küche!", ruft die Mutter und versorgt Mantel und Regencapes in der Garderobe.

„Mama, Mama!", kreischen Sohn und Tochter wie aus einem Mund. Sie eilt in die Küche und bleibt wie angewurzelt stehen. „Nichts anfassen,

Kinder", warnt sie und schiebt die Torte geistesgegenwärtig in den Kühlschrank, um die Spur zu sichern.

Keine halbe Stunde später sind Polizisten vor Ort.

„Einer hat Spuren hinterlassen", erklärt die Mutter und zeigt den Kuchen her.

„Schlau!", lobt die Polizistin. „Die Fingerabdrücke auf der Schokotorte werden uns den Täter verraten."

Sie wird Recht behalten.

Bereits einen Tag danach wird ein dreiundvierzigjähriger Obdachloser festgenommen. Der gesteht die Tat, verrät aber den Komplizen nicht, mit dem er in das Haus eingebrochen war und Staubsauger, Handys, Schminke sowie stapelweise T-Shirts gestohlen hatte.

Das Kölner Amtsgericht verurteilt ihn nach Aussage eines Gerichtssprechers zu einem Jahr und acht Monaten Haft ohne Bewährung.

Der Bienenstich

Hinter der schmalen Glastheke steht der spitznasige, verstrubbelte Bäcker, traurige Augen im blassen Gesicht. Mit hängenden Schultern steht er da. Seine staubige Stimme stammelt:

„Ich honn noore noch die drey Wägg un de Bienestisch."

Bei diesen Worten zuckt er mit den Achseln und deutet mit einer Kopfbewegung auf den großen Korb zu seiner Rechten. Darin warten drei Weizenbrötchen und ein Stück Bienenstich auf säumige Käufer.

„Zwei Wecken bitte", sage ich.

Mit bloßen Händen steckt er sie zittrig in eine Tüte.

„Zwoenachzisch Sent macht dat", sagt er, ohne mich anzuschauen.

Ich drücke ihm einen Euro in die mehlstaubige Hand. Die hat zuvor meine zwei Brötchen versorgt.

„Mersi", sagt er, „ unnen scheene Daach."

Der dritte Weck, der nun verloren neben dem Bienenstich im großen Korb schlummert, zieht meinen Blick an.

Da versucht der Bäcker mit einem Handtuch die Wespe zu verscheuchen, die surrend über dem Bienenstich kreist.

„Wulle Se dat aach noch honn?", fragt er, da ich keine Anstalten mache zu gehen.

Ich schüttele den Kopf: „Mag kein Süßzeug."

Er aber meinte das dritte Brötchen.

Derweil ist die Wespe auf dem klebrig-süßen Bienenstich gelandet und stochert mit ihrem Rüssel darauf herum.

Da läuft der kleine Mann im Gesicht rot an, Wimpern beginnen zu zittern, Augenbrauen ziehen sich zusammen, eine steile Doppelfalte bildet sich auf der Stirn, Nasenflügel vibrieren, schmale Lippen pressen sich zu einem dünnen Strich aufeinander. Tief holt er Luft, der kleine Mann. Dann schlägt er mit der bloßen Hand zu und … heult im selben Moment kläglich auf.

„Hodd dat Biest mich gestoch", wimmert er und hüpft von einem Bein auf das andere. An seiner Rechten kleben Pudding und Wespe. Schmierige Spritzer verzieren die Glasfront der Ladentheke.

„Halten Sie die Hand schnell unter kaltes Wasser", rufe ich ihm zu.

„Is houd Moije abgedrähd woa", wispert er noch, dann verliert er den Halt und den Boden unter den Füßen. Mit der Linken reißt er im Sturz den großen Korb um. Das einsame dritte Brötchen kullert mir entgegen, rollt über die verschmutzte Bäckerschürze, als ich hinter die Theke hechte, um ihm wieder auf die Beine zu helfen.

„Allergisch Reaktion, Mann. Dat ist ma die Wuch schummol passeerd", stottert er und starrt mich aus großen Augen an.

„Helfe Se ma … dohin!"

Mein Blick folgt dem seinen durch die staubige Glastür zum Brunnen am Radweg, nur wenige Meter entfernt.

Ich hake ihn unter und schleppe ihn nach draußen. Schnaufend sinkt er auf den Brunnenrand und taucht seine lädierte Rechte ins Wasser.

„Mersi, Mann, mersi! Is'n scheiß Daach houd!"

Kaum hat er ausgeklagt, landet eine Hummel brummelnd neben ihm auf dem Brunnenrand, verschränkt die Flügelarme, schaut nach oben, sucht seine traurigen Augen und verkündet:

„Mach dir keine Sorgen, lieber Bäckermeister. Ab sofort werden wir Hummeln deine leckeren Bienenstiche und Sahnetörtchen vor dem Angriff lästiger Wespen beschützen. Wespen belegen einen Spitzenplatz auf unserem Speiseplan." *(Surrealen Schluss je nach Einschätzung des Publikums weglassen.)*

Welche schmerzlichen Erfahrungen habt ihr mit Insektenstichen gemacht?

Welches Kleintier fällt aus dem Rahmen?
Biene, *Zecke*, Hummel, Wespe

Gesucht wird ein zweigliedriges Wort, das zwei Bedeutungen hat.
Einerseits ist es eine Leckerei, andererseits eine juckende Hautverletzung.
Das zweisilbige Kopfwort nennt ein Insekt in der Mehrzahl.
Das einsilbige Endwort bezeichnet das schmerzhafte Eindringen eines Stachels in die Haut.
Bienenstich

Unsere schrullige Deutschlehrerin

Oberstudienrätin Frau von Asten, ledig und kinderlos, war eine der Lehrkräfte, von denen man sich noch Generationen später erzählen wird. Sie war recht eigentlich aus der Zeit gefallen.
„Frau von Asten mag es nicht, wenn man in ihrem Unterricht redet, ohne aufgerufen worden zu sein."
Sie pflegte es, von sich selbst in der dritten Person Einzahl zu sprechen. Dabei hatte ihre Stimme etwas Borstiges. Ihr Unterricht war ein endloser Frage-Antwort-Strom, oft dickflüssig und zäh, nur selten geschmeidig. Jedenfalls kam uns pubertierenden Vierzehnjährigen das damals

so vor. Später sollte sich das ändern. Allerdings lehnte sie auch in der Oberstufe Gruppen- oder Projektarbeit strikt ab.

„Frau von Asten ist die Zeit zu schade für pädagogischen Unsinn."

Ihre Figur, Frisur und ihre Kleidung waren wie eine Kopie von Bundeskanzlerin Annegret Merkel. Meine Erinnerung lässt sie eine schwarze Hose tragen. Mit dem Blouson buchstabierte sie im Monatsverlauf die Farben durch. Den Monat beendete das Z mit der Blousonfarbe … (Zinnober). Übrigens eines ihrer Lieblingswörter.

„Frau von Asten hält diese Behauptung für Zinnober."

Ihrem Outfit verlieh sie zwei besondere Noten. Stets trug sie ein dem Blouson farblich angepasstes Seidentuch um ihren *Schwanenhals*, also am ersten September ein anthrazitfarbiges Seidentuch. Stets entsprach auch die Farbe ihrer Hornbrille der des Blousons, also am zweiten September … (blau), am siebten … (grün), am zwölften … (lila) und so weiter. Ohnehin waren wir uns über eines im Klaren: Ihre Brille war nur Zierrat. Sie hatte Augen wie ein … (Luchs).

Das Wort „Outfit" hätte sie übrigens nie in den Mund genommen.

„Frau von Asten hasst amerikanischen Zinnober."

Dieser Satz, täglich gehört, hat sich in meinem Gedächtnis festgesetzt. Ebenso ihre ewigen Übungen.

„Frau von Asten bittet darum, dass Ihr Redensarten und Sprichwörter zum Thema Kleidung aufschreibt. Ich gebe euch zehn Minuten Zeit."

Kleider machen … (Leute).
Das geht mir über die … (Hutschnur, d.h. zu weit).
Er hält sein Mäntelchen nach dem … (Wind).
Sie hängt noch an Mutters … (Rockzipfel).
Den Schuh zieh ich mir … (nicht an).
Das sind zwei Paar … (Stiefel).
Er gießt sich einen hinter … (die Binsen).
Er hat die … (Hosen) gestrichen … (voll).
Ihm platzt der … (Kragen).

Mein Sitznachbar las seinen Spruch vor: „Eine weite Hose braucht einen dicken Arsch." Den hatte Martin sich soeben ausgedacht. Minutenlang hatte er unsere Oberstudienrätin angestarrt. Die hatte, mit verschränkten Armen an das Lehrerpult angelehnt, ihre Blicke luchsäugig über uns kreisen lassen. Die Klasse brach in Gelächter aus. Krachledern fuhr sie dazwischen:

„Frau von Asten duldet keinen pubertären Zinnober."

Martin durfte am Nachmittag zwei Stunden nachsitzen.

Sie duzte uns bis zum Abitur. Als wir das Reifezeugnis in der Hand hielten, verabschiedete sie sich per Handschlag von jedem mit seinem Nachnamen.

„Frau von Asten wünscht Ihnen alles Gute, Herr Teske."

Ich werde sie nie vergessen. Auch und nicht zuletzt, weil sie uns Halbwüchsige die Schönheit unserer Muttersprache und ihrer Literatur hat erleben lassen. Heute weiß ich es.

Kürzlich habe ich sie besucht. Frau von Asten lebt mittlerweile in einem Seniorenheim. Sie sitzt im Rollstuhl und empfängt mich mit einem feinen Lächeln auf den Lippen. Den türkisfarbenen Blouson trägt sie über der schwarzen Hose. Ihre türkisfarbene Hornbrille baumelt über dem türkisfarbenen Seidenschal. Natürlich, es ist schließlich der zwanzigste August.

I-Pünktchen

Wieder einmal hatte ich alle i-Punkte vergessen. In meiner Geschichte spielen *Pünktchen und Anton*, die in dieselbe Klasse gehen, dem Lehrer Putzig einen Streich. Vom Hausmeister hat Anton einen alten Stuhl ergattert. Dessen Sitzfläche sägt er fein säuberlich heraus. Das Loch überdeckt er mit einem flachen Kissen. Als Putzig sich auf den Stuhl setzt, rutscht er nach unten, wobei sein Po eingeklemmt wird. Die Schüler grölen. Aber Putzig ist ein lustiger Mann, der mit den Schülern lachen kann. Pünktchen und Anton befreien schließlich den lieben Lehrer Putzig aus seiner misslichen Lage. Beim Fabulieren waren mir i-Punkte schnuppe.

Erich Kästner und seine Helden interessierten die blöde Kuh, unsere verhasste Grundschullehrerin Adelheid Böse, genauso wenig wie meine Geschichte der Freunde Pünktchen und Anton. Wie ein Geier starrte Frau Böse auf mein Heft, als sie zur Kontrolle der Hausaufgaben durch die Stuhlreihen marschierte. Ihr wulstiger Zeigefinger schoss auf mein erstes i, als wolle er es im Sturzflug zermalmen.

„In der nächsten Doppelstunde begleitest du mich zur 1a!", zischte sie schmallippig. Fettige rote Spaghettihaare klebten auf der zerfurchten Stirn der Hexe.

Oh Gott, zu den Kleinen! Ein wässriger Schleier zog vor meinen Augen auf. Von links, rechts und von vorne trafen mich mitleidige, hämische und garstige Blicke meiner Mitschüler. Die schrille Schulglocke beerdigte Frau Böses grässliche Unterrichtsstunde.

Sie verpflanzte mich danach in die letzte Reihe der i-Dötzchen der 1a. „Der Johannes muss i-Pünktchen üben." Diese erniedrigenden Worte kullerten der Schreckschraube aus dem eklig rot angestrichenen Maul. Ihr wieherndes Lachen habe ich heute noch im Ohr. Die i-Dötzchen drehten sich zu mir herum und grinsten. Ich zeigte ihnen den Stinkefinger und handelte mir eine weitere Strafarbeit ein.

Zwei elend lange Schulstunden musste ich in diesem Kindergarten i-Buchstaben ins Heft schreiben. Eine Endlosschlange vermaledeiter i kroch von Zeile zu Zeile, von Seite zu Seite.

Ich rächte mich … und setzte keinen einzigen i-Punkt.

Vorweg oder auch im Anschluss an den Textvortrag kann Reinhard Meys eindrucksvolle, diskussionswürdige Ballade „Zeugnistag" eingespielt werden.

Habt ihr auch eine Frau Böse in eurer Schulzeit erlebt?

Pfarrers Geburtstag

Pfarrer Kistner wurde an einem einunddreißigsten Dezember geboren. Es gibt angenehmere Tage, um Geburtstag zu feiern.

Die Dämmerung kriecht heran und vor dem Fenster tobt sich ein Schneegestöber aus. Zum Glück sind es nur wenige Meter zur Kirche. Die ist traditionell beim Silvestergottesdienst proppenvoll. Da können nur Weihnachten und Ostern mithalten.

Er schlüpft in die Robe und packt seine sieben Sachen. Dann öffnet er die Haustür und traut seinen Augen und Ohren nicht. „Happy birthday" erklingt es aus sieben Zwergenkehlen. Durch den dichten Schleier der Schneeflocken lachen ihn seine sieben zipfelbemützten Konfirmanden an.

Den Weg zur Kirche versperren unzählige *Gartenzwerge*. Sie haben seinen fünfzigsten Geburtstag tatsächlich nicht vergessen. Doch er weiß nicht, ob er sich gerade freuen oder ärgern soll. Wie soll er zur Kirche kommen?

Da ruft ihm die kecke Lisa zu:

„Ich richte Ihrer Gemeinde mal aus, Pfarrer Kistners Ankunft verzögere sich um Minuten. Einige zwergenhafte Hindernisse stünden noch im Weg. Keine Sorge, Hochwürden. Die meisten wissen Bescheid."

Mit einem schelmischen Lachen stapft sie durch den Schnee zur Kirche.

Vier Wochen später berichten die Konfirmanden im Gemeindebrief von der einzigartigen Geburtstagsfeier vor dem Silvestergottesdienst. Sie bedanken sich bei allen Dorfbewohnern, die ihre Gartenzwerge für das Ereignis aus dem Keller geholt und ausgeliehen haben.

Auf einem Foto sieht man Pfarrer Kistner in schwarzer Robe vor der Haustür stehen. Mit beiden Händen umschließt er vor seiner Brust die Bibel. Schneeflocken umtanzen sein verdutztes Gesicht, dessen Augen sich auf die Zwergenparade richten.

(Habt ihr eurem Pfarrer oder Pastor oder wem auch immer auch mal einen Streich gespielt?)

Mein Geburtstag (Januar 2019)

Neun Uhr fünfunddreißig. Die frischen Blumen in einer großen Jutetasche versteckt, habe ich mich im Seniorenheim hoch zum dritten Stock gepirscht und klopfe dort an Mutters Tür. Ich öffne, höre ihr „Herein!", nehme den Strauß in die Hand und biege um die Ecke. Mutter ruht in ihrem Ohrensessel, wie immer nach dem Frühstück.

„Liebe Mutter! Den Blumenstrauß hast du dir verdient", sage ich, sehe Fragezeichen in ihren Augen, lege den Strauß auf den Tisch, helfe ihr beim Aufstehen und nehme sie in den Arm.
„Na, du hast mich heute vor neunundsechzig Jahren geboren, Mutter", lache ich. Sie schlägt sich mit der Hand vor die Stirn.
„Ich gratuliere dir herzlich zum Geburtstag", sagt sie mit schleirigen Augen und drückt mich.
„Ich gratuliere dir zum Geburtstag!", sage ich.
„Hätte ich doch glatt vergessen", murmelt sie und steht unschlüssig im Raum. Draußen weht ein heftiger Wind.
„Ich muss mal zur Toilette", meint sie.
Ich versorge die Blumen in einer Vase. Dann bringe ich den Abreißkalender auf den aktuellen Stand. Als Mutter um die Ecke biegt, erinnere ich sie daran, das Trinken nicht zu vergessen.
„Den Blumenstrauß solltest du dir nach Hause mitnehmen", sagt sie unvermittelt.
„Nein, der ist für dich. Darauf bestehe ich!", antworte ich. „Ist doch merkwürdig. Mütter werden für den Tag ihrer größten Anstrengung nicht beschenkt."
Schmunzelnd nickt sie. „Ging ja alles gut."

Um neun Uhr fünfzig begleite ich Mutter zum Aufzug. Sie schiebt ihr „Kärrchen", so nennt sie den Rollator. Wir müssen einen Moment auf den Lift warten.
„Die wissen aber nicht, dass du heute Geburtstag hast, oder?"
Ihr Blick wandert zu dem Aufenthaltsraum, wo einige Damen darauf warten, von der Pflegerin abgeholt zu werden. Ich nicke ihnen freundlich zu. In wenigen Minuten werden sie meine Zuhörer sein.

„Nein, ich weiß ja, dass du das nicht magst", sage ich.

Sie nickt.

Um zehn Uhr beginne ich vorzulesen, wie immer dienstags.

Gegen Mittag gratuliert mir mein Bruder telefonisch zum Geburtstag. Dabei erwähnt er, Mutter habe ihn am Abend zuvor, als er sie anrief, nachdrücklich darauf hingewiesen, dass ich morgen Geburtstag habe. „Ob ich aber morgen daran denke?", habe sie gemurmelt und angefügt. „Na ja, ist ja auch nicht so wichtig. Ich kann ja nicht an alles denken."

Der lange Weg zur kurzen Weltreise

(Zur Einstimmung in die Geschichte trägt der Vorleser Joachim Ringelnatz' Gedicht „Die Ameisen" vor.)

Urlaub hatten sie nie gemacht. Wie auch? Das Leben ging seinen geregelten Gang. Und es war ein gutes Leben. Für Urlaub war da kein Platz. Kannten sie überhaupt dieses sonderbare Wort ´Urlaub'? Eher nicht. Zuhause fühlten sie sich wohl. Da hatte jedes Ding seinen angestammten Platz. Da war Ordnung. Da war man halbwegs sicher vor den Unwägbarkeiten des Lebens. Auf dem Hof mit Tieren leben ließ den Wunsch nach Urlaub gar nicht erst aufkommen. Die Kühe, Rinder, Schweine, Hühner, Gänse und ihre beiden Schäferhunde Ajax Senior und Ajax Junior waren treue Weggefährten. Und sie alle hatten ein Anrecht darauf, versorgt, ja auch umsorgt zu werden. Wer hätte diese Aufgabe denn übernehmen sollen? Die Nachbarn vielleicht? Die hatten ihre eigenen Sorgen. Und wer kein Bauer war, der hätte es erst gar nicht gekonnt.

Als Liesel, Friedhelm und Rolf, ihre drei tüchtigen Kinder, etwas älter waren, hatten sie es einmal gewagt. Von ihrem Ersparten hatten sie sich einen *VW Käfer* gekauft. Der lud zu wilden Abenteuern ein. Sie tuckerten an die Nordsee. Nach siebenstündiger Fahrt erreichten sie endlich Norden-Norddeich. Dort goss es in Strömen. Der Himmel hatte seine Schleusen geöffnet und kannte kein Erbarmen. Ein Hundewetter, ärgerte sich Else und dachte sehnsüchtig an ihre Hunde: Die beiden werden uns jetzt arg vermissen. Nach zwei regenreichen Tagen sagte Robert: „Rään homma aach dehääm." Da fuhren sie zurück. Gott sei Dank. Die drei Sprösslinge, dreizehn, vierzehn und fünfzehn Jahre alt, waren mit der Verantwortung doch ein wenig überfordert, was Ajax Senior mit einem Augenrollen bestätigte. Immerhin, zwei waschechte Hunsrücker waren an der Nordsee in Urlaub gewesen und hatten was zu erzählen. „So weyt ma gugge konde, noor Wassa", stöhnte Else und Robert nickte.

Zehn Jahre später lebten sie alleine auf ihrem Hof. Ihre Kinder waren ausgeflogen, hatten in Mainz, Frankfurt und Köln Wurzeln geschlagen. Zum Hunsrücker Bauernhof der Eltern, verschlafen am Rande von Willmerod gelegen, kamen sie immer seltener, und wenn sie denn mal kamen, blieben sie immer kürzer. „Dat is in Oadnung so", grummelte Robert, „die misse eijene Nesda baue."
Er und seine Else hatten es sich gut überlegt. Vierzig anstrengende, vierzig gute Jahre hatten sie zusammen auf dem Hof gearbeitet und gelebt. Den hatte Robert von seinen Eltern geerbt. Nun aber ergab es keinen Sinn mehr, einfach weiterzumachen.
Da kam ihnen ein glücklicher Zufall zu Hilfe, und zwar in Gestalt eines Aussteigerpärchens aus der Großstadt. Die beiden wollten ihren Traum leben, als Selbstversorger auf einem ländlichen Bauernhof. Geld hatten sie, aber keine Erfahrung. Schnell war man sich einig. Das Haus war groß genug. Robert und Else würden weiterhin im Erdgeschoss wohnen und den *Grünschnäbeln* wo nötig zur Hand gehen. „Ob dat guudgeht?", raunte Robert und schaute dem Rauch, der aus seiner Pfeife aufstieg, hinterher. „Id fliee äänem kä gebrorene Dauwe [Tauben] in´t Moul", schlaumeierte seine Else. Darauf sagte er: „Gugge ma mol."
Endlich war die Zeit gekommen, den eigenen Traum zu leben, endlich einmal Urlaub machen. Die letzten Jahre nach dem Auszug der Kinder hatten die beiden etliche Abende auf dem Fernseh-*Traumschiff* zugebracht. Robert schlief regelmäßig ein und ließ sich beim Frühstück morgens berichten, wie sich die zerstrittenen Hinz und Kunz beim Captain's Dinner, wie das neudeutsch hieß, also beim Kapitänsempfang wieder versöhnt hatten. Else nutzte solche Gelegenheiten, ihrem Mann die Nase lang und länger zu ziehen.

„Stell deer dat mol vor", schwärmt sie, „meer schibbere mit deinem friehere Kumbel Tom Sawyer un dem Huckleberry Finn uffem Mississippi bis no Memphis, Tennessi!" Flugs stöbert Robert Mark Twains alte Schwarte auf und schmökert sich in seine Kindheit zurück. Seine Augen leuchten. „Voorher faare ma awa no Bullerbü", verkündet Else ein andermal. „Do honn isch schun imma mol hingewollt."

Sie meldet sich und ihren Mann für einen Volkshochschulkurs an: Englisch für Anfänger. „Uff'na Weltreis, do muss ma die Weltsprooch schwäzze kinne", sagt sie, „weenischdens ebbes." Robert dreht sich der Magen um. Vokabel pauken, vor einer solchen Quälerei haben ihn selbst die schlimmsten Träume bislang bewahrt. Da muss er sich eine Ausrede einfallen lassen. „Die halleb Welt babbelt Englisch", erklärt ihm Else. „No un", grummelt er, „reicht dat nit?" In der Simmerner Rottmann-Buchhandlung besorgt Else Reiseführer ihrer Wunschziele. „Meer misse uss uff die aanstehende Abenteuer voorbereide, Robert!", sagt sie. „Wenn jemand eine Reise tut, dann nimmt er äwe nit ainfach seine Stock un de Hut."

Wie konnt ich noor so bescheuert sin?, grübelt er, sagt aber nichts.

„So simbel isset nit, Robert!", ermahnt sie ihn ein ums andere Mal, sich mehr Mühe zu geben. „Mach en Schwimmkurs, de Mississippi hoddet in sisch. Dä is nit so brav wie de Vadda Rhein. Isch verlosse mich do gans uff disch."

„Un isch misch gans uff dey Englisch", ergreift er die Gelegenheit beim Schopf.

„Alda Schwede", zwinkert sie ihm lachend zu und er beschließt, in der nächsten Woche bereits mit dem Schwimmen anzufangen - vielleicht aber auch erst in einem Monat.

Else will nichts dem Zufall überlassen. Bis ins Kleinste durchdenkt sie, was passieren könnte, worauf man gefasst sein muss, welche Gefahren lauern. Warme Kleidung für die Schweden-Etappe kauft sie ein, aber auch luftige Klamotten für die Mississippi-Tour von Louisiana nach Norden. Ihr Apotheker versorgt sie mit Medikamenten, um gegen Seekrankheit, Schlangenbisse, Insektengifte, Fieberattacken und andere Widrigkeiten gerüstet zu sein. Zehnmal packt sie den Koffer ein und aus und ein. „Dat meer jo nix vergesse!", knurrt sie Robert an, der ihr kopfschüttelnd zuschaut. Er kennt seine Else. Er ahnt, was kommen wird.

Es naht der Reisebeginn, wobei das Wort „naht" merkwürdig klingt. Schließlich wollen sie ja in die Ferne aufbrechen und nicht in die Nähe. Im Reisebüro hat Else alles gründlich durchplanen lassen: mit dem Zug zunächst über Hamburg nach Kiel. Von dort aus mit der Fähre nach Dänemark und weiter per Bus nach Schweden. Besuch von Sevedstorp und Lönneberga. Von Göteborg aus in Etappen per Schiff und Flugzeug bis nach New Orleans, wo ein Schaufelraddampfer auf sie warten würde.

Schweren Herzens verabschieden sie sich am Morgen des Aufbruchs von Alex Junior und werfen einen wehen Blick auf das Grab von Alex Senior unter der knorrigen Buche. Die Sonne strahlt, kein Wölkchen trübt den milchig blauen Himmel. Saftige grüne Wiesen, gelb und weiß gesprenkelt, so weit das Auge reicht. Die Krokusse und Veilchen im eingehegten Garten versprühen süße Düfte, die linder Frühlingswind in die Lüfte webt. Die Glocke der Dorfkirche läutet wie immer zur gleichen Zeit. Der Hahn kräht auf dem dampfenden Mist, seine Hühner laufen Körner pickend umher, auf der Weide dösen die Kühe und erwehren sich mit lustigen Schwanzschlägen der leidigen Mückenplage. Heisere Schreie der Wildgänse übertönen das allgegenwärtige Vogelgezwitscher, bevor sie im Formationsflug am Himmel auftauchen. Ziegen schauen auf und meckern. Alex junior jault, als ahne er den Abschied.

Der nette Grünschnabelbauer Bastian bugsiert sie zum Bahnhof Bingen. Der Fernzug hat Verspätung. Fünfzig Minuten müssen sie warten, bis der Ersatz eintrudelt. „Ob meer de Aanschlusszuch in Frankfurt noch kriehe?", fragt Else leise. Robert legt ihr sanft den Arm um die Schulter und drückt sie. Wie gut ihr das tut. Hat er schon lange nicht mehr gemacht.

Die Platzreservierung gilt nicht mehr. Der Zug ist überfüllt. Mühsam schleppen sie sich von Abteil zu Abteil. Niemand hilft ihnen, kein Schaffner lässt sich sehen. Entnervt sinken sie im Durchgangsbereich auf ihren Koffern nieder, vor einer Kabine, in der Jugendliche sich auf den Sitzen lümmeln und Bierflaschen kreisen lassen.

Mit quietschenden Bremsen schiebt sich der ICE eine Stunde später in den Frankfurter Hauptbahnhof. Gut fünfzig der über zwanzigtausend Weltreisekilometer sind absolviert. Robert plagen Rückenschmerzen. Else drängt. Ihre Blase gibt keine Ruhe. „Hoffentlich is in dääm Zuch no Hambursch weenischdens dat Klo gans. Sust mach isch in die Bucks!", stammelt sie. Ihre Hoffnung wird erfüllt. Erleichtert lässt sie sich wenig später Robert gegenüber in den Sitz fallen.

Noch sind sie alleine in dem Sechser-Abteil. Doch schon droht Ungemach. Die Tür wird aufgerissen und eine stämmige Frau drängt grußlos herein, auf dem Arm ein plärrendes Kleinkind. Drei Halbwüchsige folgen ihr und wuchten grölend zwei schwere Koffer nach oben. Ein Koffer rutscht zurück und knallt Robert auf die Beine. Der stöhnt auf. Mit schmerzverzerrtem Gesicht reibt er sich übers Knie. Statt sich zu entschuldigen, prusten die Kerle los. Mit Else haben sie nicht gerechnet. Die springt auf und versetzt dem Lümmel, der nicht aufgepasst hat, eine schallende *Backpfeife*. „Aua!", blökt der und ballt die Fäuste. Seine Mutter kreischt los. Augen wie Dolche. Ihr Baby brüllt noch lauter. Else hat die Nase voll und donnert in das Tohuwabohu hinein: „Robert, meer mache uss vum Agger!"

Im selben Moment kreuzt die Schaffnerin auf. Sie sorgt dafür, dass sie den geordneten Rückzug antreten können. Kurz bevor der *ICE Frankfurt – Hamburg* startet, schaffen es die Hunsrücker Weltenbummler gerade noch auf den Bahnsteig. Sie schauen sich an, umarmen einander. Wortloses Einverständnis.

Zwei Stunden später steigen sie auf ihrem Bauernhof aus dem Taxi. Roberts Brustkorb hebt und senkt sich wie ein Blasebalg. Auch Else atmet die erdige Landluft in tiefen Zügen ein und aus. Ajax Junior springt heran, tanzt um sie herum und wedelt mit dem Schwanz. „Gell Ajax, dou bist aach froh, dat meer wiere dehääm sinn!", grummelt sie und krault ihrem Freund das Fell.

„Robert, komm bitte schnell, die dicke Kuh fängt an zu kalben!", ertönt plötzlich Bastians Hilferuf. Der ist nicht mal erstaunt, dass wir schon wieder zurück sind, wundert sich Else.

Im Nu entledigt sich Robert seiner Jacke, wirft sie ihr über den Arm, krempelt seine Hemdsärmel auf und eilt zum Stall. Else schleppt, eskortiert von Alex, die Koffer ins Haus. Die dicke Kuh also, schmunzelt Robert in sich hinein, als er die Stalltür öffnet.

Der gesuchte zweigliedrige Begriff wertet eine junge, unerfahrene Person ab.
Das einsilbige Kopfwort nennt eine Farbe.
Das zweisilbige Endwort ist ein umgangssprachliches Wort für Mund.
Der Gesuchte ist ist ein vorlauter Anfänger,
ein Grünschnabel.

Advent in Großmutters guter Stube

Regen prasselt gegen die Fenster. Allmählich geht er in Schnee über. Fette Flocken klatschen an die Scheiben und gleiten an ihnen herab.

So war es auch immer in der guten Stube meiner Großmutter. Der Bollerofen strahlte wohlige Wärme aus, die Kerzen des Adventskranzes spendeten ein wenig Licht, erst eine Kerze, dann zwei, dann drei, dann vier. Sie fingen an zu flackern, wenn Großmutter endlich die Tür öffnete und die große Pfanne auftischte. Darauf hatten wir gewartet, auf Bratkartoffeln und Rühreier mit Speck. Das Wasser lief mir im Mund zusammen, selbst heute noch, wenn ich mich an diese glücklichen Stunden erinnere.

Nach dem Tischgebet legten wir, meine Brüder, unsere Cousinen und ich, los, als gäbe es kein Morgen. Großmutters Augen strahlten. Mit Worten geizte sie. Dafür quasselten wir umso mehr.

Heute wundere ich mich: Großmutter hatte nichts dagegen, dass wir bei Tisch plapperten. Sie war ihrer Zeit weit voraus. Nach dem Essen wurde auch nicht gleich abgeräumt. Nein, wir sangen Weihnachtslieder und, ich will es nicht verhehlen, wir hatten Spaß daran, die Texte zu verulken: „Laut flockt der Schnee" oder „Lauter die Glocken nie klingen". Großmutter lachte mit.

Einmal allerdings, daran erinnere ich mich gut, einmal brachte sie uns zur Räson. Die alberne Nummer „Es ist ein Ros' zersprungen", die ließ sie uns nicht durchgehen, die schweigsame kleine Frau mit den arthritisch gebeugten Schultern und den wunderbaren grauen Haaren. Sie schlug die vom vielen Lesen abgegriffene Bibel auf, schaute uns aus warmen Augen an und belehrte uns: „Es geht in dem Lied nicht um eine Rose, es geht um einen Reis, einen Zweig. Der schlägt aus einem alten Baum aus. Unser Herr Jesus, der ist dieser Zweig. Durch ihn wird alles neu. Das prophezeit uns Jesaja:

Es ist ein Ros' entsprungen
aus einer Wurzel zart,
wie uns die Alten sungen,
von Jesse kam die Art

und hat ein Blümlein 'bracht
mitten im kalten Winter,
wohl zu der halben Nacht. "

[Anm.: In der katholischen Exegese ist Maria das Reiskorn, aus dem der Erlöser als das „Blümlein" hervorgeht. In evangelischer Sicht ist Christus „Reis" und „Blümlein" zugleich.]
Welche adventlichen Erinnerungen habt ihr?
Welche Lieder wurden in eurer guten Stube gesungen?

Tierisches Silvester

(Welche Tiere könnten jeweils gemeint sein?
Bilder der jeweiligen Tiere sind hilfreiches Anschaungsmaterial.)

„Wieder einmal ein gefährliches Jahr überlebt", flüstert das scheue ... (Reh). „Nun aber droht Schnee. Da ist es schwer, sich zu verstecken, vor allem wenn man Hunger hat."
„Du stehst bereits auf meinem Speiseplan", knurrt der ... (Wolf).
„Vor den Böllern der Menschen muss ich mich in Acht nehmen", gurrt die ... (Taube). „Letztes Jahr haben Blindgänger mehrere meiner Geschwister zerfetzt."
„Ich erinnere mich", krächzt der ... (Rabe). „Da fiel uns Schwarzgefiederten ein unerwartetes Silvester-Festmahl gleichsam vor die Füße."
„Ich warte bereits sehnsüchtig auf das Feuerwerk", ruft die diebische ... (Elster). „Die Menschen glotzen in den Himmel, sind unachtsam und schwuppdiwupp greife ich zu. So hat schon das eine oder andere Schmuckstück meine Sammlung bereichert. Hier 'ne Perle, dort ein goldner Ring, auch mal eine Silbermünze."
„Die Silvesterknallerei stört meinen Winterschlaf", gähnt der ... (Siebenschläfer) verärgert. (Igel und Murmeltier) ... stimmen ihm zu.
„Ich schaue jedes Mal dankbar in das Farbenmeer, das am Himmel aufblitzt", schnattert die ... (Gans).

„Das glaube ich dir gern", quakt der … (Frosch), „schließlich bist du dankbar, erneut nicht auf der Weihnachtstafel der Menschen gelandet zu sein."

„Die roten, grünen, blauen Farbtupfer am Himmel sind einfach schön", jubelt das ... (Glühwürmchen). „Ich liebe nun mal Lichtpunkte am Firmament."

„Pass auf, dass deine Schwäche für Böller dir nicht mal den Kopf weg-reißt", muht die … (Kuh) humorlos. „Uns jedenfalls und auch die anderen Tiere im Stall, die Ochsen, die Pferde, die Schweine und auch die Hühner und Hähne macht der Krach ganz verrückt."

„Und wie!", brüllt der … (Ochse) und tritt gegen die Stalltür, dass einem Hören und Sehen vergeht.

„Dummer … (Ochse)!", zwitschert aufgeschreckt die … (Schwalbe).

„Määäh", blökt das … (Schaf), „selbst unsere Hirtenhunde irren ver-stört umher, wenn es zischt und kracht und schlagartig über uns hell wird."

„Darauf warte ich ja nur", grinst der … (Fuchs) dreist, „ich hab da schon mal das eine oder andere Schäfchen gerissen."

„Du bist, wie wir alle wissen, ein gerissener Bursche", bellt der … (Schäferhund). „Drum werde ich heute Abend besonders aufpassen. Denk daran: *Den letzten beißen … (die Hunde)!*"

„Die Silvesternacht ist doch etwas Besonderes", miaut der … (Kater). „Schließlich gilt ansonsten: *Nachts sind alle … (Katzen grau).*"

Das gesuchte Sprichwort hat mit dem menschlichen Sehvermögen zu tun.

Ein Haustier mit zweisilbigem Namen steht im Mittelpunkt des Sprichworts.

In der Dunkelheit kann man es kaum wahrnehmen. Das ist das Problem. Im Dunkeln sieht nämlich alles ähnlich aus. Die Unterschiede ver-schwimmen sozusagen.

Nachts sind alle Katzen grau.

MÄRCHEN

Nacht-Märchen

Die Nacht-Märchen habe ich gekürzt und modifiziert. Meine Zuhörer/innen können sie so besser verstehen. Den typischen Erzählton der Märchen wahre ich: Immer wieder lasse ich Zitate der Originaltexte einfließen.

Eingebaute Fehler können durchaus die Illusionswirkung der Märchen stören. Sie geben Zuhörern, die Märchen gegenüber skeptisch eingestellt sind, einen Anreiz, mir, dem Vorleser, aufmerksam zu folgen. Ohnehin hüte ich mich, Mehltau über meinen Zuhörerinnen auszubreiten. Ich will sie nicht narkotisieren, weder mit den Inhalten noch mit meiner Art vorzulesen.

In den Märchen der Brüder Grimm, Türöffner ins Reich der Phantasie, ist die Nacht oft finster. Es herrscht Chaos. Vieles ist möglich, Gutes, aber auch Schlechtes. Wer sein behütetes Zuhause verlässt, der liefert sich den Unwägbarkeiten, ja auch den Gefahren der Nacht aus. Mit Gefühlen wie Unsicherheit, Angst, Einsamkeit müssen meine Zuhörer/innen tagtäglich umgehen. In und mit den Märchen nehmen wir diese Gefühle wahr und ernst.

Andererseits birgt die Nacht auch Chancen, die der Tag nicht bereithält. Nicht zuletzt hat die nächtliche Zauberwelt ihren eigenen, ihren unwiderstehlichen Charme. Ein wenig strahlt der auch auf den Tag ab.

Die Märchen hinter den Schlagzeilen?

Sprechender Fuchs entpuppt sich als Schwager des Prinzen. *(Der goldene Vogel)*

Unterschätzter Faulenzer erobert auf goldhaarigem Hengst Herz der Königstochter. *(Prinz Aschenbrödel)*

Trickreicher Soldat enttarnt das Geheimnis nächtlicher Tanzorgien. *(Die zertanzten Schuhe)*

Missgeburt heiratet Königstochter. *(Hans mein Igel)*

Prinzessin schuftet nachts als Magd eines verarmten Soldaten. *(Das blaue Licht)*

Kind erfriert in kalter Silvesternacht. *(Das kleine Mädchen mit den Schwefelhölzern)*

Leberwurst entkommt Blutwurst. *(Die wunderliche Gasterei)*

Prinz Aschenbrödel

(ungarisches Märchen)
(Findet die Fehler im Text!)

Täglich ließ der König seine Heuwiese mähen und aufschobern. Doch er konnte das Heu nie einbringen. Alle Nachtwachen schliefen ein und am Morgen war der Schober immer verschwunden.

Der König trug seinem ältesten Sohn auf, das Stroh [Heu] in der Nacht zu bewachen. Doch auch der schlief ein. Der Zweitälteste machte es nicht besser.

Der jüngste Sohn aber war ein schlafmütziger Schmutzfink. Zumeist lag er faul in der Ofenecke auf der Asche herum. Deshalb nannte man ihn Aschenbrödel. Überraschenderweise wollte der nun die gemähte Heuwiese hüten. Als es dämmerte, ließ er sich neben dem Heuschober nieder und knabberte lustlos an einer Zuckerwaffel. Da wurde er von einem grauen Mäuschen überrascht. Das bat ihn um das leckere Gebäck. Der Prinz schüttete die Waffeln auf den Rasen und das Mäuschen trug sie stückweise ins Mauseloch. Sodann bedankte es sich mit einem Rat:

„Wenn das Schlaflüftchen über dich kommt, wirst du einschlafen. Du kannst nichts dagegen tun. Drei Hengste werden kommen und den Heuschober wieder kahlfressen. Ich werde dich dann wecken. Du musst ihnen die Zügel vom Kopf reißen."

So geschah es. Keinen Halm fraßen die Pferde mehr. Im Gegenteil: Sie boten ihm ab sofort ihre Hilfe an.

Am nächsten Abend [Morgen] war der König überrascht und voll des Lobes, als er den Heuschober auf der Wiese erblickte. Doch sein Jüngster zog sich wieder in seine Ofenecke zurück.

Die bildhübsche Tochter des Nachbarkönigs hatte sich einen vierstöckigen Palast auf einem mächtigen Glasberg errichten lassen. Aus dem obersten Palastfenster hängte sie einen Fichtenzweig, bestückt mit einem Goldring, einem Goldapfel und einem Goldtüchlein. An alle Königshäuser schrieb sie, sie wolle die Gemahlin desjenigen werden, dem es gelinge, hoch zu Roß die drei Kostbarkeiten herabzureißen.

Die Kunde drang auch ans Ohr Aschenbrödels. Er erinnerte sich an das Versprechen der Pferde und ließ den kupferhaarigen Hengst kommen. Der brachte ihm ein Kupfergewand mit. Auf Geheiß des edlen Pferdes badete er in einem See. Beim Waschen wurden seine Haare zu Kupfer. Dann legte er das Gewand an. Das Pferd erhob sich mit ihm in die Lüfte und sie flogen schwalbenschnell zu dem Gasberg [Glasberg]. Seine beiden Brüder, die mit den besten Springhengsten des Vaters angereist waren, erkannten ihn nicht. Sie scheiterten wie auch alle anderen Prinzen kläglich beim Versuch, den Goldring zu erhaschen. Dies gelang am Ende nur Aschenbrödel, dem kupferhaarigen Ritter. Der machte sich nach seinem Triumph zum Leidwesen der Königstochter aber auf und davon.

Anderntags lud die Pinzessin erneut zum Wettkampf ein. Dieses Mal erschien Aschenbrödel in einem Silbergewand auf einem silberhaarigen Hengst. Der silberhaarige junge Ritter trug den Sieg davon, denn nur ihm gelang es, den Goldapfel vom Fichtenzweig herabzureißen. Und erneut grämte sich die Königstochter, dass sie mit dem Sieger kein Wort wechseln konnte! Der war nämlich schon wieder enteilt.
Zum dritten Mal schrieb die Prinzessin an alle Königshöfe. Wer das Goldtüchlein erobere, der erobere auch ihr Herz und ihre Hand.
Aschenbrödel beorderte den dritten Hengst her, den mit den Goldhaaren. In goldenem Gewand erstieg er mit seinem edlen Esel [Ross] behutsam den Glasberg. Der war von den vielen vergeblichen Versuchen der anderen Prinzen schon arg zerkratzt. Der goldhaarige Hengst tat oben einen gewaltigen Sprung und Aschenbrödel riss dabei das Goldtüchlein vom Tannenbaum [Fichtenzweig] herab.
Im Gespräch mit der Prinzessin verriet der goldhaarige Ritter nicht, wer er sei.
„Wenn du mich wirklich liebst, suche nach mir, dann wirst du mich finden."
Sagte es und flog auf seinem Pferd hoch in die Luft und in die Schäferwölkchen hinein. Zu Hause zog er sich um und legte sich in seinen Lumpen wieder in den Ofenwinkel auf die faule Haut, auf die Asche. Seine beiden Brüder, erfolglos zurückgekehrt, stichelten in seine Richtung:

„Vielleicht bist du es ja gewesen, der das Goldtüchlein ergattert hat."
Sie kriegten sich nicht mehr ein vor Lachen.

Die Prinzessin indes fand daheim keine Ruhe mehr. Sie zog durch viele
Länder auf der Suche nach dem goldhaarigen Ritter. Nach drei Jahren
kam sie an den Königshof, wo Aschenbrödel lebte. Sie bat den König,
er möge ihr seine Söhne vorstellen. Der präsentierte stolz seine beiden
Ältesten, die Vorzeigesöhne. Doch dann tauchte der Jüngste auf, unge-
waschen und in Lumpen. Vor Scham und Zorn haute der Vater ihm eins
über den Nacken, so dass die Mütze des nichtsnutzigen Sohnes vom
Kopfe fiel. Nun kullerte alles auf den Boden, was darunter war: Ring,
Apfel und Tüchlein in Silber [Gold].
Da umschlang ihn die Prinzessin, küsste ihn und sagte: „Wer immer du
seist, was immer du bist, mein süßes Herz, jetzt bist du mein!"
Selbigen Tages noch wurde sie seine Braut.

Der goldene Vogel

Im letzten Satz stimmt etwas nicht. (Bruder, nicht der Sohn)
Irrtümlich hat sich die Titelfigur eines anderen Märchens der Brüder
Grimm in die Geschichte eingeschlichen (der Eisenhans).

Ein König hatte in seinem Schlossgarten einen Baum, der goldene Äpfel trug. Dreimal hintereinander wurde des Nachts jeweils ein goldener Apfel gestohlen. Der älteste Königssohn sollte den Baum bewachen. Er schlief aber ein, ebenso der zweite Sohn. Der jüngste jedoch blieb wach. Als es zwölf schlug, sah er im Mondschein einen Vogel daherfliegen, dessen Gefieder ganz vom Golde glänzte.

Diesen Vogel wollte der König unbedingt haben. Er schickte den ältesten Sohn auf die Suche. Als der nicht zurückkam, brach der zweite auf, blieb aber ebenfalls aus. Der jüngste Königssohn traf vor dem Wald einen hilfsbereiten sprechenden Fuchs. Der geleitete ihn zu dem Schloss, wo er des Nachts den goldenen Vogel fand. Da er aber eine wichtige Warnung des Fuchses in den Wind schlug, wurde er von Soldaten gefasst, eingekerkert und zum Tode verurteilt.

Der König des Schlosses gab ihm jedoch eine Chance: Der Jüngling solle ihm das goldene Pferd beschaffen, welches noch schneller laufe als der Wind. Dann erhalte er zur Belohnung den goldenen Vogel. Erneut half ihm der Fuchs. Und erneut gab er nichts auf dessen Warnung. Wieder nahm man ihn in Haft und verurteilte ihn zum Tode.

Auch der dortige König schenkte ihm das Leben und dazu das goldene Pferd, wenn er die schöne Königstochter vom goldenen Schlosse herbeischaffen könne. Der treue Fuchs zeigte ihm den Weg und gab ihm den Rat: „Abends wirst du anlangen, und nachts, wenn alles still ist, dann geht die schöne Königstochter ins Badehaus. Spring auf sie zu und gib ihr einen Kuss, dann folgt sie dir. Dulde aber nicht, dass sie vorher von ihren Eltern Abschied nimmt." Gesagt, getan. Doch auch dieses Mal setzte er sich über die Mahnung des Fuchses hinweg. Wieder landete er im Gefängnis.

Der König des goldenen Schlosses sagte, er könne nur Gnade finden, wenn er den Berg, der ihm die Sicht versperre, binnen acht Tagen abtrage. „Gelingt dir das, so sollst du meine Tochter zur Belohnung haben."

Mit Hilfe des Fuchses ward der Berg in der letzten Nacht der Frist abgetragen. Der König hielt Wort.

Schlussendlich bat der rätselhafte Fuchs für seine Unterstützung um einen Lohn, den zu entrichten sich der Jüngling weigerte: „Wenn wir dort in den Wald kommen, so schieß mich tot und hau mir Kopf und Pfoten ab." Hängenden Kopfes verließ ihn der Fuchs, vergaß aber nicht, ihn zu warnen: „Setze dich niemals auf einen Brunnenrand."

Mit der schönen Königstochter, dem Pferd und dem Vogel machte sich der Jüngling auf den Weg nach Hause. Unterwegs traf er in einem Dorf auf seine beiden älteren Brüder. Die hatten allerhand schlimme Streiche verübt und all ihr Gut vertan. Sie sollten aufgehängt werden. Es gelang ihm aber, sie loszukaufen.

Zum Dank warfen sie ihn wenig später im Wald, als er sich bei einer Rast auf einen Brunnenrand gesetzt hatte, rückwärts in den Brunnen und zogen heim zu ihrem Vater. „Da bringen wir nicht bloß den goldenen Vogel, wir haben auch das goldene Pferd und die Jungfrau von dem goldenen Schlosse erbeutet", logen sie, dass sich die Balken des heimatlichen Schlosses bogen.

Der Eisenhans (?) überlebte und konnte mit Hilfe des Fuchses dem Brunnen entsteigen. Verkleidet gelangte er in das väterliche Schloss, wo ihn die Jungfrau erkannte und ihm um den Hals fiel. Die gottlosen Brüder wurden hingerichtet. Er aber ward mit der schönen Jungfrau vermählt und zum Erben des Königs bestimmt. Der gesamte Hofstaat freute sich mit dem Traumpaar und feierte den stolzen Königssohn für seine heldenhaften Taten.

Lange danach traf er im Wald den armen Fuchs, der ihn zum zweiten Mal bat, ihn zu töten und ihm Kopf und Pfoten abzuhauen: „Es steht doch in deiner Macht, mich zu erlösen!", flehte er. Also tat er es. Kaum war es geschehen, da verwandelte sich der Fuchs in einen Menschen und war niemand anders als der Sohn [Bruder] der schönen Königstochter.

Hans mein Igel

Einem reichen Bauern fehlten zu seinem Glück nur eigene Kinder. Deshalb musste er sich von anderen Bauern bespötteln lassen. Zu Hause grantelte er: „Ich will ein Kind haben, und sollt's ein Igel sein."

Da gebar seine Frau ein Kind. Das war oben ein Igel und unten ein Junge. Sie tauften ihn *Hans mein Igel*. Hinter dem Ofen ließ man ihn auf Stroh schlafen.

Als er acht Jahre alt war, bat er seinen Vater, der seiner überdrüssig war, ihm vom Markt einen Dudelsack mitzubringen. Zur freudigen Überraschung des Vaters beschloss er, auf einem beschlagenen Hahn für immer fortzureiten. Esel und Schweine durfte er mitnehmen. Im Wald hieß er den Hahn, mit ihm auf einen hohen Baum zu fliegen. Von dort beaufsichtigte er die Tiere. Die vermehrten sich über die Jahre hin zu einer großen Herde. Auf dem Baume blies er seinen Dudelsack und die Musik war sehr schön.

Einmal kam ein König vorbei, der sich im weiten Wald verirrt hatte. Er hörte die Musik und ließ *Hans mein Igel* fragen, ob er den Weg zum Königreich kenne. Der nickte und erbat sich als Lohn eine schriftliche Zusage: Wen der König zuerst bei Hofe anträfe, der solle *Hans mein Igel* gehören. Voller Freude wurde der König von seiner Tochter zu Hause empfangen. Er erzählte ihr von dem merkwürdigen Wesen, das ihm den Weg gewiesen habe. Halb ein Igel, halb ein Mensch, habe es rittlings auf einem Hahn in einem hohen Baum gesessen und musiziert. Er denke übrigens nicht daran, sein Versprechen einzulösen.

Ein anderer, ein sehr alter König hatte sich mit seinem Gefolge ebenfalls in dem großen Wald verirrt. Auch er hörte die Dudelsackmusik. Auch er fragte *Hans mein Igel* nach dem Weg. Die Begegnung nahm einen ähnlichen Verlauf. Auch der zweite König erreichte wohlbehalten sein Zuhause und traf ebenfalls zuerst auf seine schöne Tochter. Anders als der erste König, der Betrüger, nahm er allerdings sein Versprechen ernst, das er *Hans mein Igel* gegeben hatte. Die Tochter versprach schweren Herzens, ihrem alten Vater zuliebe Wort zu halten.

Hans mein Igel hütete weiter seine Schweine, bis die Herde zu groß wurde. Da trieb er sie in das väterliche Dorf und ließ schlachten. Dann machte er sich auf seinem Hahn wieder davon.

Sein Weg führte ihn zu dem ersten Königreich. Dort musste er sich gewaltbereiter Soldaten erwehren. Er überwand sie, indem er einfach über sie hinweg flog. Seine Drohung, Tochter und Vater zu töten, wenn sie ihr Versprechen nicht einhielten, beeindruckte den König. Er ließ seine Tochter mit einem Gespann, Gefolge sowie Geld und Gut ziehen. Hans mein Igel aber zog ihr wenig später in der Kutsche die hübschen Kleider aus und stach sie mit seiner Igelhaut, bis sie ganz blutig war.

„Das ist der Lohn für eure Falschheit. Geh hin, ich will dich nicht!", herrschte er sie an und jagte sie fort.

Im Schloss des zweiten Königreichs wurde er freundlich empfangen. Zwar erschrak die schöne Königstochter wegen seines sonderbaren Äußeren, aber sie löste das Versprechen des Vaters ein und beide wurden vermählt. Bevor sie zu Bett gingen, nahm *Hans mein Igel* ihr die Furcht vor seinen Stacheln. Er ließ vor der Schlafkammer ein Feuer anzünden. Als die Glocke elf Uhr schlug, streifte er die Igelhaut ab und warf sie ins Feuer. Da ward er erlöst. Allerdings war er ganz schwarz. Doch ein Arzt wusch ihn mit heilsamen Salben und balsamierte ihn. Alles war gut.

Seine Braut schlief glücklich neben ihrem schönen weißen Gemahl ein. Bald schenkte der Brautvater ihm sein Königreich.

Jahre später holte *Hans mein Igel* seinen alten Vater zu sich in sein Reich.

„Mein Märchen ist aus,
und geht vor Gustchen sein Haus."

Was haben die Brüder Grimm sich nur gedacht?
Den Reim haben sie zum Schluss noch gebracht.
Hans mein Igel, der lebte jahrelang, hinter 'nem Ofen versteckt.
Fast wäre er dort vor Einsamkeit, Angst und Kummer verreckt.
Achtjährig erst, ritt der Knabe beherzt von dannen.
In den finsteren Wald mit den klebrigen Tannen.
Auf einem Hahn er ritt.

Ich sage nur: „Igitt, igitt!"
Warum nicht auf Esel oder Schwein?
Das wäre, ich sag's ja nur, zwar auch nicht fein.
Doch für seine Mutter,
wäre dann alles in Butter.
Erst beim Anblick der Königstochter Veronika,
deren Augen ihm sagen: Der Lenz ist da!,
befreit er sich von allen Zwängen,
die ihn sein Leben lang bedrängen.
Den Keuschheitsgürtel, seine stachelige Igelhaut,
verschlingt das Feuer. Nun erwartet ihn die Braut.

Die zertanzten Schuhe

Ein König hatte zwölf Töchter. Die schliefen nachts in einem verschlossenen Saal. Seltsamerweise standen jeden Morgen ihre Schuhe zerschlissen unter den Betten. Der König wollte wissen, wo sie des Nachts tanzten. Wer das herausfinde, der dürfe sich eine Tochter zur Frau wählen. Und nach dem Tod des Vaters werde er König sein. Löse der Wagemutige nach drei Tagen und Nächten aber nicht das Rätsel, dann habe er sein Leben verwirkt. Ein Königssohn und weitere Freier meldeten sich. Sie versagten alle, denn des Nachts schliefen sie ein. Das Geheimnis der zertanzten Schuhe konnten sie nicht lüften. Deshalb mussten sie ihr Scheitern mit dem Leben bezahlen.

Ein verwundeter, armer Soldat indes setzte auf den Rat einer alten Frau: „Du darfst den Wein nicht trinken, der dir abends gebracht wird. Du musst tun, als wärest du eingeschlafen." Sie gab ihm obendrein einen Tarnmantel, mit dem er den Königstöchtern nachschleichen könne.

Er tat, wie es die Alte ihm geraten hatte. Unsichtbar folgte er den arglosen zwölf Mädchen des Nachts durch eine Falltür in ein unterirdisches Reich.

Der Weg führte durch drei wunderprächtige Baumgänge mit silbernen, goldenen und diamantenen Blättern. Als Beweisstück brach sich der Soldat jeweils einen Zweig ab. Dabei krachte es jedesmal. Die jüngste

Prinzessin, ohnehin die einzige ängstliche der zwölf, erschrak. Doch die älteste, die den Freiern immer den Schlaftrunk gebracht hatte, erklärte: „Das sind Freudenschüsse, weil wir unsere Prinzen bald erlösen."

Tatsächlich gelangten sie wenig später an ein großes Wasser, worauf zwölf Schifflein auf sie warteten. In jedem saß ein schöner Prinz. Jenseits des Wassers erschallte aus einem hell erleuchteten Schloss lustige Musik. Dort tanzte jeder Prinz mit seiner Liebsten, bis um drei Uhr am Morgen. Da waren ihre Schuhe vertanzt. Der Soldat schlich vor den zwölf Prinzessinnen zurück und legte sich in sein Bett.

„Vor dem sind wir sicher", lachten sie, als sie bei der Rückkehr sein gespieltes Schnarchen vernahmen. Auch in den zwei Folgenächten beobachtete der Soldat heimlich das vergnügliche Treiben der zwölf mit ihren verwunschenen Jünglingen. In der dritten Nacht nahm er als Wahrzeichen einen Becher mit.

Tags darauf lüftete er vor dem König das Geheimnis der zertanzten Schuhe. Als Beweisstücke zeigte er ihm drei Zweige und den Becher. Leugnen half nichts. Die Prinzessinnen mussten alles eingestehen. Und die zwölf verzauberten Prinzen wurden erneut verwünscht.

Der König fragte den Soldaten, welche seiner Töchter er zur Frau haben wolle. Er antwortete: „Ich bin nicht mehr jung, so gebt mir die ..." *[Ja welche hat er sich denn ausgewählt?]*

Selbigen Tages wurde Hochzeit gehalten und ihm das Reich für die Zeit nach des Königs Tode versprochen.

Strafen müssen sein.
So dachten die Grimms beim Wein.
Die mutigen Freier mit einem Schlaftrunk dem Tode weihen,
das können wir der ältesten Königstochter schwerlich verzeihen.
Nun muss sie den alten Soldaten ertragen.
Das sei ihr auch dringend geraten.
Verbotenes nächtliches Tanzvergnügen
hat nun mal bittere Folgen hienieden.

Das blaue Licht

Ein altgedienter Soldat war seinem Dienst nicht mehr gewachsen. Zu viele Wunden hatte er davongetragen. Gnadenlos entließ ihn sein König. Voller Sorgen zog der Soldat davon. Auf seinem irrlichternden Weg geriet er in einen Wald.

Plötzlich erblickte er in der Finsternis ein Haus. Darin wohnte allerdings eine Hexe. Die ließ ihn bei sich übernachten und gab ihm zu essen. Aber nicht umsonst. Am nächsten Tag musste er den Garten umgraben. Am zweiten Tag galt es Holz zu hacken. Am dritten Tag sollte er ein immerzu blau brennendes Licht aus einem ausgetrockneten Brunnen bergen. Er fand das Licht. Da zog ihn die Hexe an einem Seil hoch. Er aber erahnte ihre bösen Gedanken. Deshalb wollte er ihr das Licht erst aushändigen, wenn er wieder festen Boden unter den Füßen habe. Wütend ließ sie ihn samt dem Licht in den Brunnen fallen.

Verzweifelt zündete er sich an dem blauen Licht seine Tabakspfeife an. Unvermittelt stand ein schwarzes Männchen vor ihm und fragte: „Herr, was befiehlst du? Ich werde alles tun, was du verlangst." Das ließ er sich nicht zweimal sagen. Das Männlein führte ihn durch einen unterirdischen Gang. Dort lagerten die versteckten Schätze der Hexe. Der Soldat deckte sich reichlich mit Gold ein. Als sie das Tageslicht erblickten, befahl er: „Nun geh hin, fessle die alte Hexe und führe sie vor das Gericht." Wenig später schoss sie mit furchtbaren Schreien auf einem wilden Kater vorbei, schnell wie der Wind. Kurz danach berichtete das Männchen: „Die Hexe hängt schon am Galgen."

Den Soldaten zog es in die Stadt zurück. Er wollte sich an dem undankbaren König rächen. So befahl er dem Männchen: „Spät abends, wenn die Königstochter im Bett liegt, bring sie schlafend hierher. Wie eine Magd soll sie bei mir schuften." So geschah es. Von Mitternacht bis zum Hahnenschrei musste die Prinzessin die Stube kehren, die Soldatenstiefel reinigen und andere gemeine Arbeit ableisten. Im Morgengrauen brachte sie das Männlein wieder zu ihrem Bett ins Königsschloss zurück. Die Prinzessin glaubte, nur geträumt zu haben. Den Traum erzählte sie ihrem Vater. Der ahnte, dass es kein Traum war.

Drei Nächte ging das so. Dann kam der König dem Soldaten auf die Schliche. Der versuchte zu fliehen, wurde aber gefangen genommen, ins Gefängnis gesteckt und zum Tode verurteilt. Das Männchen hatte ihm jedoch zuvor einen Rat gegeben: „Sei ohne Furcht. Folge ihnen, wohin sie dich auch führen. Lass alles geschehen. Das blaue Licht aber behalte bei dir!"

Auf dem Weg zum Galgen bat der Soldat den König um eine letzte Gnade: „Lass mich noch eine Pfeife rauchen!" Die Gnade wurde ihm zuteil und er entzündete den Tabak an dem blauen Licht. Dies war wie bereits zuvor das Zeichen für das Männlein. Es tauchte sogleich auf, bewaffnet mit einem Knüppel. „Schlag mir den falschen Richter und seine Häscher zu Boden. Verschone auch den König nicht!", befahl der Soldat. Wie der Blitz schlug das Männchen zickzack um sich.

Dem König ward angst und bange. Um am Leben zu bleiben, schenkte er dem Soldaten das Königreich. Die Prinzessin wurde selbigen Tags noch seine Braut.

Königreiche werden verschenkt, kurzerhand,
zur Abwehr von Gefahren oder zum Dank.
Prinzessinnen werden Bräute
mutiger Männer und Leute.
Die Wirklichkeit und deren Bleigewicht
bekommen die Grimms ja kaum zu Gesicht.
Ihre Märchen nehmen's nämlich nicht so genau,
schon gar nicht mit der Emanzipation der Frau.

Die wunderliche Gasterei

(nach den Brüdern Grimm)

Das Märchen stand in der Erstausgabe der Sammlung der Brüder Grimm im Jahre 1812. Welche Dinge können deshalb auf keinen Fall in dem Märchen gestanden haben?

Eine Blutwurst und eine Leberwurst waren Freunde. Eines Abends lud die Blutwurst die Leberwurst zum Essen ein. Als die Dämmerung heraufzog, machte sich die Leberwurst vergnügt auf den Weg zur Blutwurst. An deren Haustüre angelangt, sah sie allerlei wunderliche Dinge. Auf jeder Stiege der Treppe, und deren waren viele, geschah etwas Verrücktes. Ein Besen und eine Schippe schlugen sich. Eine Affe handelte sich im Kampf mit einem Staubsauger eine dicke Beule am Kopf ein. Eine Katze wurde von einer herabstürzenden Deckenleuchte erschlagen und dergleichen mehr.

Die Leberwurst war ganz erschrocken und bestürzt. Doch sie nahm sich ein Herz und trat, als sie oben anlangte, in die Stube ein. Die Blutwurst umarmte sie herzlich. Da erkundigte sich die Leberwurst nach den seltsamen Dingen, die sie im Treppenhaus gesehen hatte. Die Blutwurst aber überhörte die Frage oder tat so, als sei es nicht der Rede wert. Oder sie sagte etwa von der Schippe und dem Besen:

„Es wird meine Magd gewesen sein, die auf der Treppe mit jemandem geschwätzt hat." Dann brachte sie die Rede auf etwas anderes. Die Leberwurst machte sich so ihre Gedanken. Sie bekam die wunderlichen Dinge nicht aus dem Kopf.

Die Blutwurst sagte, sie müsse in der Küche nach dem Essen sehen, und verließ die Stube. Gedankenverloren tigerte die Leberwurst hin und her. Da kam der Dosenöffner herein und warnte sie:

„Du bist in einer Blut- und Mörderhöhle, liebe Leberwurst. Mach dich eilig fort, wenn dir dein Leben lieb ist."

Das ließ sich die Leberwurst nicht zweimal sagen und schlich zur Tür hinaus. Einen Moment lang brauchte sie, bis sich ihre Augen in dem schummerigen Treppenhaus zurechtfanden. Dann rutschte sie auf dem Treppengeländer hinunter. Völlig aus der Puste erreichte sie die

patschnasse Straße. Es goss wie aus Eimern, es blitzte und donnerte. Ein Lastwagen rauschte heran und bretterte durch eine Riesenpfütze. Die Leberwurst sah danach aus wie ein begossener Pudel. Sie schüttelte sich und blickte um sich. Da sah sie die Blutwurst oben am Fenster stehen mit einem ellenlangen Messer. Das blinkte, als ein Blitz aufleuchtete, wie frisch gewetzt. Damit drohte die Blutwurst und rief herab:
„Hätt ich dich, so wollt ich dich!"
Die Leberwurst zeigte ihr den Stinkefinger und schrie:
„Hast mich nicht, kriegst mich nicht!"
Bei diesen Worten machte sie kehrt und putzte die Platte. Auf dem Marktplatz sah sie zu ihrer Freude eine Imbissbude. Die hatte doch tatsächlich trotz vorgerückter Stunde noch geöffnet. Der Leberwurst knurrte der Magen. Heißhungrig bestellte sie sich eine Currywurst. Nach dem leckeren Mahl machte sich die Nachtschwärmerin frohgemut auf zum Hexensabbat der Leberwürste.

En wunnerlischa Gastgäwa

Bludworschd un Läwaworschd ware Kumpel. Enes Daachs hod die Bludworschd die Läwaworschd owends vor se esse engelaad. Kurz bevor id dungel wor is, hod sich die Läwaworschd gud gelaund uff de Weesch gemach. Als se im Hous vun de Bludworschd die Trepp hochgeht, passere verrickde Sache. En Bese und en Schipp verkloppe sich. En Aff läd sich midm *Staubsaucha* aan und kriet en dick Beul am Kopp. En Deggeleuchd fällt runna un erschläd en Katz.
Die Läwaworsch is arisch erschrok, nimmt sich awa sesamme un geht in die Stub ren. Do wird se von der Bludworschd umaamd. Die Läwawortschd fräd no. Die Bludworschd awa winkt ab un säd, dat wäre Fissemadennde gewääs. "Mey Maad hod villeychd mit jemand gebabbelt", saad se iwa dat Gerangel vun da Schipp und dem Bese. Dann geht die Bludworschd in die Kisch, um no dem Esse se gugge.
Unruisch wätzt die Läwaworschd in da Stub hin un her. Do taucht en *Doseöffna* uff un warnt: "Dou bist hi inna Blud- un Mörderhöhl. Putz die Platt, wenn de iwaläwe willsd."

Do nimmt die Läwaworschd die Been unna die Aame un rutschd uff dem Treepeglända runna.

Drauße is alles patschnass, id gießt wie ous Äma, id dunnad un blitzt. En *Lastwaae* breddat dorch en riesisch Fütz. Dodeno sieht die Läwaworschd ous wie en begossena Pudel. Se schiereld sich un guckt no owe. Do siehd se die Bludworschd am Fisda stehn, mit em ellelange Messa. Dat blinkd im Blitz wie frisch gewetzd. Mit dem Messa in da Hand fuchdelt die Blutworsch in da Luft herum un droht un kreischt: "Hädd isch disch, so wulld isch disch."

Die Läwaworsch awa zeyd er de Stingefinga und ruft: "Hosd misch nid, kriesd misch nid."

Dann macht se sich vum Acka. Uffm Maadplatz is en *Imbissbud*, die noch uffhod. Do verschlingt se en *Curryworschd*. Dodeno geht se uff de Hexesabbad vun da Läwaweerschd.

Gedanken des Vorlesers

Dienstags treffen wir uns hier im Saal.
Euch vorzulesen freut mich allemal.
Leicht verbrennt man sich die Finger.
„Glücklich waren sie für immer."
Warum müssen Märchen schließen
mit albernen Sätzen wie diesen?
Schlichtweg nicht zu genießen.
Müssen Märchen stets mit Happy End verwöhnen?
Wollen sie Erfahrung einfach so verhöhnen?
Ein Königreich verschenkt man, eins zwei drei.
Die Braut verheiratet man, als sei es einerlei.

Mit Logik hat das wahrlich nichts zu tun.
Unser Leben war mal schwarz, mal weiß.
Lieben wir deshalb Märchen? Wer weiß, wer weiß.
Wenngleich: ohne in der Sauce Harmonie zu baden,
schlägt's dem Leser oftmals auf den … Magen.

Das Mädchen mit den Schwefelhölzern

Es war eine verschneite Silvesternacht. Das arme Mädchen kauerte ohne Mütze, mit nackten Füßen frierend und verzagt in einer Straßenecke zwischen zwei Häusern. Aus Angst vor dem Vater wagte es sich nicht nach Hause. Es hatte nämlich noch kein Schächtelchen mit Streichhölzern verkauft. Almosen hatte ihm tagsüber auch niemand gegeben.

Heller Lichterglanz strahlte gleichwohl aus den Fenstern und der Geruch von köstlichen Gänsebraten lag in der Luft.

Ach, wie gut würde ein Schwefelhölzchen tun! Dieser verwegene Wunsch drängte das Mädchen zur Tat. Ritsch! sprühte es und ein Flämmchen schenkte Wärme, als das Kind mit seinen Händchen das Licht umschloss, das aber im Nu erlosch.

Das Mädchen strich ein neues Hölzchen an. Dessen Schein fiel auf eine Hausmauer, die im selben Moment durchsichtig wurde. Eine kostbar ausgestattete Stube und ein reichlich gedeckter Tisch taten sich vor dem Mädchen auf. Unvermittelt sprang eine mit Äpfeln gefüllte, gebratene Gans aus der Schüssel und watschelte mit Gabel und Messer im Rücken auf die Kleine zu. Da erlosch das Licht.

Eilends entzündete das Mädchen ein neues Hölzchen. Da sah es sich selbst unter einem herrlich geschmückten Christbaum sitzend.

Es streckte seine Hände aus – aber wieder erlosch das Licht. Im selben Moment stiegen Weihnachtslichter gen Himmel. Sterne waren's. Ein Stern stürzte herab und zog einen Feuerstreif nach sich.

„Jetzt stirbt jemand", flüsterte das Mädchen. Seine über alles geliebte Großmutter, die vor langer Zeit verstorben war, hatte ihm gesagt: „Fällt ein Stern vom Himmel, steigt eine Seele zu Gott empor."

Letztmals entzündete das Mädchen ein Schwefelholz. Dessen Lichtschein umstrahlte ihre Großmutter. Sie reichte ihm die Hände.

Am eisigen Neujahrsmorgen fand man das Mädchen, erfroren, aber ein Lächeln um den Mund.

Märchen können auch anders – leider?

GEREIMTES

Huhn und Leguan

In der Strandbar gab es frischen Fisch.
Zuvor kam die Suppe auf den Tisch.
Mit eisgekühltem Curaçao in der Hand
genossen wir den Blick zum Strand.

Auf der großen Sandsteinplatte
ein Festmahl, das es in sich hatte.
Ein keckes Huhn und der Leguane drei,
sie fraßen den Kopfsalat ohne Streiterei.

Wie friedlich sie die Platte putzten,
Federvieh und Echsen! Wir stutzten.
Nach dem Essen haben wir erfahren,
dass sie die Beilagen in der Suppe waren.

An beiden ist es ein Verrat. Zwei Leckerbissen,
die sich Gemüse und Salat zu teilen wissen.
Aber auch Bratpfanne und Grill,
nur weil der Mensch sie essen will.

(Ergänzend lese ich Christian Morgensterns Gedicht „Tertius Gaudens" vor:

…

Drei Säue taten um ein Huhn

in einem Korb zusammen ruhn.

…)

Elster und Maus

Die Elster hüpft der Maus hinterher.
Ich schaue und wundere mich sehr.
Vorsichtig radele ich näher heran,
will sehen, ob sie sich retten kann.

Todesängstlich springt sie im Zickzack weg.
Die Elster spielt mit ihr, verfolgt sie keck.
Es hofft die Maus wohl auf ein Wunder,
auf ein Loch in der Wiese, Land unter.

Ich steig in die Eisen und klatsche.
Kann ich ihr helfen aus der Patsche?
Die Elster hebt ab und krakeelt,
die sichere Beute hat sie verfehlt.

In Luft aufgelöst hat sich die Maus.
Unbeschwert lebte sie in Saus und Braus.
Nun hat die Wiese sie verschluckt.
Im Erdloch ihr Herz gar heftig zuckt.

Die Marktschuhe
(frei nach J. P. Rottmann)

Auf den Mond könnt' ich sie schießen,
die Verkäuferin. Sie ist nicht zu genießen.
Für den Martinsmarkt hatte ich mir Geld gespart.
Tanzschuhe kaufen, so lautete der Freundin Rat.
Erst einmal hab ich sie getragen, das muss man wissen,
und nun sind sie schon an allen Ecken arg zerschlissen.

Im Folgejahr, da hatte sie erneut die Chuzpe,
die Betrügerin aus Pirmasens, die wusste:
Ihre blank geputzten Schuhe zieh'n die Blicke an.
Manch ahnungsloser Tänzer fackelt da nicht lang.
Erbost fahr ich sie an: "Ihr lobt das Pfälzer Leder-Wunder,
doch eure Schuhe sind, ich muss es sagen, letzter Plunder."

Da grinst sie frech und zieht vom Leder:
"Den Schaden sich ersparen kann ein jeder.
Hättest du sie dir nicht angezogen,
würdest du die Schuhe ewig loben.
Sie sind gemacht, dass jemand sie verkäuft,
doch nicht dafür, dass man in ihnen läuft."

Der vorsichtige Milchverkäufer
(frei nach J.P. Rottmann)

Heinrich Schmalhans hat ´ne Kuh.
Die hegt und pflegt er immerzu.
Ihre Milch verkauft er auf dem Markt
zum fairen Preis, das sei gesagt.
Rein ist sie, schneeweiß und nicht getauft.
Drum wird von vielen sie gern gekauft.

Seit Wochen sieht sie blau und rahmlos aus.
Die Milch will keiner kaufen, aus die Maus.
Heinrich Schmalhans schaut verdattert drein.
Reinen Wein erst schenken ihm die Käufer ein:
"Höhere Preise solltest du ins Auge fassen,
die Milch mit Wasser mischen unterlassen."

"Hanebüchen ist, was ihr mir unterstellt.
Für mich gilt nicht: Geld regiert die Welt.
In ungewaschene Eimer fließt die Milch der Kuh.
Kontakt mit Wasser ließ ich wahrlich niemals zu.

Der Schreck auf dem Kirschbaum

(frei nach J.P. Rottmann)

Bauer Michel auf dem Baume saß,
wo er genüßlich süße Kirschen aß.
Jäh sein Jüngster stürzte herbei
mit gar jämmerlichem Geschrei.

"Was ist los?", rief der Michel zum Kind.
„Vater, komm herunter hurtig, geschwind!
Sie liegt auf dem Boden mit starren Augen.
Die Oma ist tot, du musst es mir glauben."

„Du vermaledeiter Taugenichts zieh Leine!
Mich so zu erschrecken! Ich mach dir Beine!
Gleich bin ich unten und brech dir's Genick.
Ich hab wirklich gedacht, unsere Kuh sei dick."

Dringliche Trauung
(frei nach J.P. Rottmann)

Der Michel und die Kunigunde,
Braut und Bräutigam in aller Munde,
sie blieben keck der Trauung fern,
zum Ärger von Pastor Justus Kern.

Nach der Ernte gab es dennoch einen neuen Termin,
zu dem der Michel betrunken mit der Kuni erschien.
Pastor Kern, der zuckte erbost mit den Schultern:
"Besoffene trauen, wirst du mich nicht ermuntern."

„Ach Herr", sagte die schwangere Braut bedrückt,
„ohne Bier und Schnaps geht er leider nicht mit.
Drum seid so gnädig und traut uns hier und jetzt,
sonst wird mein Kind ein Vogel im Kuckucksnest."

Der Gartenzwerg

Ein lustiger kleiner Kerl ist er.
Die Menschen lieben ihn sehr.
In Märchen lebt er und in Sagen.
Er hilft, wenn andere versagen.

Dazumal aus Ton gebrannt, mit Hand bemalt,
war Handwerkskunst gefragt und gut bezahlt.
Mit roter Zipfelmütze wie der Weihnachtsmann,
mit Lederschürz' und Pfeife dann und wann,

hat man Bergleuten ihn und Gärtnern nachempfunden.
Die Laterne hat der Knirps sich um den Bauch gebunden.
Auf 'ner Schubkarre liegen Spitzhacke und Schaufel drauf.
Mit denen gilt's den Boden umzupflügen, so ist's Brauch.
Museumskitsch mutiert zum Publikumsmagnet.
Die Gartenzwerge sind, so steht es im Pamphlet,
der Schlümpfe Vorbild. Auch spießige Nachbarn,
Deutsche Michel eben, finden Zwerge achtbar.

Für alle drei sind Plätze im Museum reserviert.
An Kundenkassen läuft es wie geschmiert.
Denn überall die lustigen Kerle sind begehrt.
Als Helden ewiger Kindheit werden sie verehrt.

Welcher Begriff fällt aus dem Rahmen?
Pflanze, Zwerg, Riese, Laube (Garten ...)

LIEDGUT

In der folgenden Geschichte sind bekannte deutsche Schlagertitel eingestreut.

Die Auswahl der Schlager bemisst sich einzig und allein daran, wie bekannt sie sind. Denn mit dem Bekanntheitsgrad steigt die Wahrscheinlichkeit, dass die Texte erinnert werden und die Zuhörerinnen gemeinsam singen können. Erstaunlich viele Teilnehmer kennen Schlagertexte auswendig.

Klassische Themen wie Liebe, Natur, Heimat laden zu schlichter Identifikation ein. Wir sind weder in der Schule noch in einem sozialkritischen Seminar.

Die Kontinuität des deutschtümelnden Schlagers ist freilich nicht zu leugnen, beispielhaft repräsentiert von Heino, der Ikone der Volksmusik, in seinen Blut- und Boden-Liedern: „Wir lieben die Stürme" (1967), „Blau blüht der Enzian" (1971), „Die schwarze Barbara" (1975).

Wer den Schlagertitel erkennt, klatscht bitte in die Hände oder ruft ihn in die Runde! Vielleicht weiß ja auch jemand, wer das Lied gesungen hat.

Wunder gibt es immer wieder

Die Sonne lugt bereits wie ein Versprechen um die Ecke. Schon läuten die Glocken, schon krähen die Hähne. Ein morgenlaues Lüftchen streichelt sanft seine Nase. *Der Junge mit der Mundharmonika* (1) spielt in seinem *Bett im Kornfeld* (2) fröhlich auf: *Tanze mit mir in den Morgen* (3). Sie wird es hören, schmunzelt er in sich hinein. Ein Rehkitz dreht unweit am Waldesrand Pirouetten. Hat es die Bitte etwa auch verstanden? Erstaunt begleitet er mit seinem Instrument den Tanz des Tieres. Doch es versucht nur einem aufdringlichen Wespenschwarm zu entkommen.

Der Junge mit der Mundharmonika lässt sich nicht beirren. Trotzig bläst er ein neues Lied hinaus: *Schön ist es auf der Welt zu sein* (4). Die Melodie ruft recht bald *Die Biene Maja* (5) und ihre Sippschaft auf den Plan. Unschlüssig schwirren sie umher. Da riechen sie *Himbeereis zum Frühstück* (6) und drehen ab, Richtung Hotelterrasse. Eine dicke Hummel indes bummelt brummend über dem Jungen mit der Mundharmonika.

Alle Viere streckt er nun von sich, legt den Kopf in den Nacken und schaut sonnenbebrillt zum Himmel empor. Der hat mittlerweile seinen Schirm tiefblau aufgespannt. Die Wärme tut dem Jungen gut. Seine Augen tasten Kondensstreifen ab, die ein Flugzeug in das Blau malt. Ein Habicht lässt sich von einem leichten Aufwind nach oben schaukeln und – erspäht das Rehkitz, das schutzlos in der Nähe grast. Der Junge fährt auf und schmettert *Dschinghis Khan* in seine Mundorgel. Das Reh spitzt die Ohren. Es schlägt Haken und springt mit einem weiten Satz ins rettende Dickicht.

Mama (7), wie der Mundharmonikaspieler seine Mutter, die Empfangsdame des Hotels am See, nach wie vor liebevoll nennt, hört den Ohrwurm ihres Sohnes. Sie schmunzelt in sich hinein: *Für mich soll's* [heut'] *rote Rosen regnen* (8). Schließlich hat sie die Hoffnung noch nicht aufgegeben. *Denn Wunder gibt es immer wieder* (9).

Diese Aussicht zaubert auch dem kecken Barfräulein *Marina* (10) ein Lächeln ins Gesicht. Die verzagte bislang, glaubte sie doch: *Schuld war nur der Bossa Nova* (11). Mut macht ihr nun das Lied ihres Mundharmonikaspielers, das vom Kornfeld herüberschwappt: *Über sieben*

*Brücken musst du gehe*n (12). Obwohl *Marmor, Stein und Eisen bricht* (13), hofft sie: *Eine Liebe ist wie ein neues Leben* (14). Denn der *Schöne fremde Mann* (15), der *Junge mit der Mundharmonika*, der hat es ihr angetan: *Rote Lippen soll man küssen* (16), spielt er ihr zu Ehren auf. Nur ihr, da ist sie sich sicher. Und ja, er hat's getan. Heftig. Gut so. *Ich hab geträumt von dir* (17), lächelt sie vor sich hin. Versonnen poliert sie die Sektgläser, obwohl die schon lange glänzen.

Zwei kleine Italiener (18) indes beschwören an der Theke *Ein ehrenwertes Haus* (19). Ihre schmachtenden Blicke erreichen die Augen des Barfräuleins nicht. *Die Liebe ist ein seltsames Spiel* (20). Sie schauen verärgert drein. Wirklichkeitsblind jammern die beiden Traumtänzer: *Wann wird's mal wieder richtig Sommer* (21). Egal, ob *Barfuß oder Lackschuh* (22), grübeln sie bereits am Morgen beim *Griechische*[n] *Wein* (23): *Ein bißchen Spaß muss sein* (24). Drum kaufen sie sich flugs beim Händler um die Ecke *Ein knallrotes Gummiboot* (25) und pfeifen auf das windige Plakat hoch über dem Tresen: *Ein Schiff wird kommen* (26). Der See lockt und *Weiße Segel im Wind* (27) machen ihnen Hoffnung.

1. Bernd Klüver, 2. Jürgen Drews, 3. Gerhard Wendland, 4. Roy Black & Anita, 5. Karel Gott, 6. Hoffmann & Hoffmann, 7. Heintje, 8. Hildegard Knef, 9. Katja Ebstein. 10. Francesco Napoli, 11. Manuela, 12 Karat & Peter Maffay, 13. Drafi Deutscher, 14. Jürgen Marcus, 15. Conny Francis, 16. Cliff Richard, 17. Matthias Reim, 18. Conny Froboess, 19. Udo Jürgens, 20. Siw Malmquist, 21 Rudi Carrell, 22. Harald Juhnke, 23. Udo Jürgens, 24. Roberto Blanco, 25. Wencke Myhre, 26. Lale Anderson, 27. Günther Stern

Gassenhauer

Zwei kleine Italiener vergessen die Heimat nie, die Palmen und die Mädchen am Strande von Napoli. (1)
Drum sang sie frohgemut *Pack die Badehose ein* (1),
denn nichts auf dieser Welt kann schöner sein.
Er schmetterte *La Paloma* und *Alo Ahe* (2).
Sie bejubelten *Die Rose vom Wörthersee* (3).
Seemann, deine Heimat ist das Meer (2).
Der Ratschlag fiel so manchem schwer.
Er aber raunte *Junge, komm bald wieder* (2).
All das waren früher allbekannte schöne Lieder.
Heute faselt man man von „Evergreen" und „Hit" -
was für ein kläglich dummer Untertanen-Ritt.

In alten Zeiten klang es rauer,
man sprach von „Gassenhauer".
Ein Komiker keck beschwor (4)
den *Theodor im Fußballtor.*
Ich weiß, es wird einmal ein Wunder gescheh´n (5),
hoffte der bei tollem *Wochenend und Sonnenschein.* (3)
Doch es sollte Theodor Hören und Sehen vergeh'n.
Die Stürmer des Gegners schenkten ihm kräftig ein.
Davon geht die Welt nicht unter, krächzte Zarah Leander.
Dieser Trost, der brachte Theodor ganz durcheinander.
Kauf dir einen bunten Luftballon!, riet ihm Alda Noni,
er indes dachte *Für eine Nacht voller Seligkeit* an Froni. (6)
Du und ich im Mondenschein, was könnte schöner sein. (7)
Man müsste Klavier spielen können, fiel ihm dabei ein. (8)

Sing Nachtigall, sing würden die Tasten locken. (9)
Doch Theodor blieb traurig in der Kabine hocken.
Mit Musik geht alles besser, ertönte sie (10)
Unter der roten Laterne von St. Pauli. (11)

Frauen sind keine Engel, lachte sie ihn an. (12)
Warum soll ich treu sein?, fragte er dann. (13)
In der Nacht ist der Mensch nicht gern allein. (6)
Das ist des Pudels Kern, schwor Theo Stein und Bein.

1. Conny Froboess, 2. Freddy Quinn, 3. Cornel-Trio, 4. Theo Lingen, 5. Zarah Leander, 6. Marika Röck, 7. Ilse Werner, 8. Johannes Heesters, 9. Evelyn Künnecke, 10. Rudi Schuricke, 11. Lale Andersen, 12. Margot Hielscher, 13. diverse Interpreten, u.a. Die Metropol-Vokalisten 1935, Marika Rökk 1940

Wir suchen eine abwertende Bezeichnung für Volkslieder.
Der gesuchte Begriff besteht aus zwei zweisilbigen Wörtern.
Das Kopfwort nennt schmale Straßen zwischen Häuserreihen links und rechts.
Das Endwort ist einerseits der Name für einen Bergmann, andererseits bezeichnet es den hervorstehenden Eckzahn des Keilers. („hauen": nächtlings das Pflaster (be)treten)
Das gesuchte Lied wurde früher des Nachts von Straßenbummlern bei schnellem Gang über das Pflaster gesungen.
Heute wird das Wort alltagssprachlich selten benutzt. *Hit* oder *Evergreen* haben es ersetzt.
Gassenhauer

Schlagererfolge der 30er und 40er Jahre unter falschen Titeln

(Der Trick mit den falschen Titeln sorgt für Erheiterung und ermöglicht als Running Gag Erfolgserlebnisse, wenn die Originale wortgetreu erinnert und von den jeweils eingespielten Schlagern bestätigt werden.)

Wochenend' und Regenwetter *(Wochenend' und Sonnenschein, Comedian Harmonists)*

Ein Feind, ein böser Feind *(Ein Freund, ein guter Freund, Willy Fritsch)*

Nur nicht aus Sehnsucht heulen *(Nur nicht aus Liebe weinen, Zarah Leander)*

Ruf' bei der Ankunft laut Ade *(Sag' beim Abschied leise 'Servus´, Willy Forst)*

Taucher, grüß' mir die Fische *(Flieger, grüß' mir die Sonne, Hans Albers)*

Du hast Pech bei den Kindern, Bel Ami *(Du hast Glück bei den Frau'n, Bel Ami, Lizzi Waldmüller)*

Ich besieg' die Schmerzen der kränkelnden Frau'n *(Ich brech' die Herzen der stolzesten Frau'n, Heinz Rühmann)*

Ich bin die freche Lalo *(Ich bin die fesche Lola, Marlene Dietrich)*

O mia bella Verona *(O Mia Bella Napoli, Rudi Schuricke)*

Manuela, der Frühling ist weg *(Veronika, der Lenz ist da, Comedian Harmonists)*

Ich wollt' du wärst ein Hahn *(Ich wollt' ich wär' ein Huhn, Lilian Harvey und Willy Fritsch)*

Der Sturm hat mir 'nen Witz erzählt *(Der Wind hat mir ein Lied erzählt, Zarah Leander)*

Das muss das Tor zur Hölle sein *(Das muss ein Stück vom Himmel sein, Paul Hörbiger)*

Ich bin ja heut' so müd *(Ich bin ja heut' so glücklich, Renate Müller)*

Lili Adele *(Lili Marleen, Lale Andersen)*

Wenn die Barbara nicht so schöne Haare hätt' *(Wenn die Elisabeth nicht so schöne Beine hätt', Siegfried Arno)*

Durch dich wird der Planet erst hässlich *(Durch dich wird diese Welt erst schön, Willy Forst)*

Ein Schlager rauscht um die Erde *(Ein Lied geht um die Welt, Joseph Schmidt)*

Hallo alte Schachtel *(Hallo kleines Fräulein, Die 3 Travellers, 1947)*

Capritaucher *(Caprifischer, Magda Hain, 1943)*

Bei mir bist du unten durch *(Bei mir bist du schön, Margot Friedländer, 1946)*

Schade um die Nacht *(Schade um die Zeit, Detlev Lais, 1947)*

Und unter uns die Hölle *(Und über uns der Himmel, Hans Albers, 1947)*

Don Buhlan *(Don Juan, Bully Buhlan, 1947)*

Ich möchte so gar nicht *(Ich möchte so gerne, Jenny Even, 1943)*

In Tirol steht man auf's Jodeln *(In Tirol steht ein Berg, Evelyn Künneke, 1943)*

Schlagererfolge der 50er Jahre
unter falschen Titeln

(Wie heißen die Originaltitel und ihre Interpreten? Die erratenen Liedanfänge werden jeweils eingespielt. Oft beginnen die Zuhörer selbst zu singen. Manche können die Texte auswendig.)

Steig in das Baumboot der Diebe *(Steig in das Traumboot der Liebe, Günther Stern)*

Wir wollen immer miteinander geh'n *(Wir wollen niemals auseinander geh'n, Heidi Brühl)*

Die Liebe ist ein lustiges Vergnügen *(Die Liebe ist ein seltsames Spiel, Conny Francis)*

Ein Segler wird gehen *(Ein Schiff wird kommen, Lolita, Lale Andersen, Lys Assia, Nana Mouskouri, Andrea Berg)*

Carina *(Marina, Francesco Napoli)*

Der heiße Mond von Marrakesch *(Der weiße Mond von Maratonga, Lolita)*

Kann denn Sünde Liebe sein *(Kann denn Liebe Sünde sein, Zarah Leander)*

Pa Laloma *(La Paloma, Hans Albers, Freddy Quinn)*

Mausi oh Mausi *(Cindy oh Cindy, Elfi Graf, Margot Eskens)*

Gestern *(Morgen, Renate Kern)*

Ich liebe ihren Mund Madame *(Ich küsse ihre Hand Madame, Peter Alexander)*

Rote Beete im Garten *(Weiße Segel im Wind, Günther Stern)*

Zuckermäuschen *(Sugar Baby, Peter Kraus)*

Roter Polunder *(Weißer Holunder, Lolita)*

Ganz Madrid liebt in den Träumen *(Ganz Paris träumt von der Liebe, Zarah Leander)*

Ich blick' in die Augen der edelsten Frau'n *(Ich brech' die Herzen der stolzesten Frau'n, Heinz Rühmann)*

Wochenend und Regenschauer *(… und Sonnenschein, Comedian Harmonists)*

Für einen Tag voller Zweisamkeit *(Für eine Nacht voller Seligkeit, Rudi Schuricke)*

Hallo Madeleine *(Lili Marleen, Lale Andersen)*

Ich tanze mit dir aus der Hölle hinaus *(Ich tanze mit dir in den Himmel hinein, Johannes Heesters)*

Ob rot oder braun, ich liebe den Clown *(Ob blond, ob braun, ich liebe alle Frau'n, Jan Kiepura, Rudolf Schock, Fritz Wunderlich)*

Schlagererfolge der 60er Jahre
unter falschen Titeln

Glanz im Schweiß *(Ganz in Weiß, Roy Black)*

Liebeshunger ist wie Gicht *(Liebeskummer lohnt sich nicht, Siw Malmkwist)*

Da sprach der junge Chef der Rothäute *(Da sprach der alte Häuptling der Indianer, Gus Backus)*

Mein Zug fährt um acht *(Der Zug fährt durch die Nacht, Peter Beil)*

Mit siebzig liebt man Bäume *(Mit siebzehn hat man noch Träume, Peggy March)*

Siebentausend Kinder *(Rinder, Peter Hinnen)*

Mich erkennst du trotz geschloss'ner Augen *(Dich erkenn' ich mit verbundenen Augen, Bata Illic)*
Du musst mit den Händen klatschen *(Du musst mit den Wimpern klimpern, Renate Kern)*

Unter allen sieben Kontinenten *(Über allen sieben Meeren, Lolita)*

Fesch geküsst ist fast verloren *(Frech geküsst ist halb gewonnen, Siw Malmkwist)*

Nüsse unter'm Sonnenschirm *(Küsse unter'm Regenbogen, Manuela)*

Bin ich ein Radieschen, bin ich Kaiser *(Bin i Radi, bin i König, Peter Radenkovic)*

Frohe Pfannen *(Hohe Tannen, Roland Kaiser)*

Weiße Rosen auf den Seen *(… aus Athen, Dunja Rajter)*

Pflanze sie trotz aller Sorgen *(Tanze mit mir in den Morgen, Ulli Martin)*

Geduld hat nur der Nova Bosa *(Schuld war nur der Bosa Nova, Manuela)*

Auf meinem Hof bin ich Chef *(Auf meiner Ranch bin ich König, Peter Hinnen)*

Schuhe, so leicht wie 'ne Feder *(… so schwer wie Stein, Bata Illic)*

Almbauer, deine Heimat sind die Berge *(Seemann, deine Heimat ist das Meer, Lolita)*

Der Schatz im Goldberg *(… im Silbersee, Medium Terzett)*

Diebe spielen ein sonderbares Spiel *(Die Liebe ist ein seltsames Spiel, Conny Francis)*

Ich zähle täglich mein Geld in dieser Welt *(… meine Sorgen, Peter Alexander)*

Volkslieder mit falschen Anfängen

Am Hoftor vor der Kirche, da steht ein Maulbeerbaum. *(Am Brunnen vor dem Tore, da steht ein Lindenbaum.)*

Gretchen von Nassau, die mir gefällt … *(Ännchen von Tharau …)*

Die Worte sind rätselhaft. Wer kann sie entschlüsseln? (Die Gedanken sind frei. Wer kann sie erraten?)

Ich weiß schon, was es bedeutet, dass ich so neugierig bin. *(Ich weiß nicht, was soll es bedeuten, dass ich so traurig bin. Die Lorelei)*

Ein Förster aus dem Hunsrück, der stiefelt durch den stillen Wald und schießt die Wildsau tot, sobald sie aus dem Dickicht stürmt. *(Ein Jäger aus Kurpfalz, der reitet durch den grünen Wald und schießt das Wild daher, wie es ihm gefällt.)*

Sieh, was kommt von oben runter Hol-la-hi, ho-la-ho! Wird wohl Regen oder Schauer sein … Rauscht vorbei und kommt nicht rein … *(Horch, was kommt von draußen rein …)*

Das Schwimmen ist des Fischers Lust. *(Das Wandern ist des Müllers Lust.)*

Wem Musik soll Kunstgenuss bereiten, den schickt man ins Konzert. *(Wem Gott will rechte Gunst erweisen, den schickt er in die weite Welt.)*

Wir sind über den Hunsrück gewandert. *(… durch Deutschland gefahren.)*

Grauhaarig ist die Kokosnuss, grauhaarig bin auch ich, grauhaarig muss mein Frauchen sein, gerade so wie ich. *(Schwarzbraun ist die Haselnuss …)*

Freut euch des Herbstes, weil da die Stürme toben; sammelt die Blätter, eh' sie verweh'n. *(Freut euch des Lebens, weil noch das Lämpchen glüht; pflücket die Rose, eh' sie verblüht.)*

Jetzt kommen die herbstlichen Tage, Schätzel, ade; und dass ich es dir nur sage: Ich lieg auf 'nem Kanapee. *(Jetzt kommen die lustigen Tage.)*

Fröhlich ist das Studentenleben, faria, faria, ho! Brauch'n dem Staat keine Steuern zu geben, faria, faria, ho! *(Lustig ist das Studentenleben – Brauch'n dem Kaiser kein Zins zu geben …)*

Du, du liegst mir im Magen, du, du gehst mir gegen den Strich. Du, du kannst es wagen, aber ich zieh dich über den Tisch. *(Du, du liegst mir im Herzen, du, du liegst mir im Sinn. Du, du machst mir viel Schmerzen, weißt nicht, wie gut ich dir bin.)*

Uff da Hunsrigga Eisebahn gab's nur wenig Haldestatione: Emmelshause, Palsad un Kasdelloun, Allakilz und Siemere. *(Auf der schwäbsche Eisebahne gibt's gar viele Haltstatione: Schtuegert, Ulm und Biberach, Meckebeure, Durlesbach. Trula, trula, trulala …)*

Muss I denn aus der Kneipe raus? *(Muss I denn zum Städtele 'naus, und du mein Schatz bleibst hier?)*

Die Sonn ist untergegangen, die hellen Sternlein glitzern am Firmament klar und hell. *(Der Mond ist aufgegangen, die goldnen Sternlein prangen um Himmel hell und klar.)*

Ein Wanderer im Frühling

(Welches Lied passt von der Entstehungszeit her nicht in die Geschichte?)

Ein Jäger aus Kurpfalz singt wie *alle Jahre wieder*: „Alle Vögel sind schon da."

Er begrüßt so den Frühling, auf den sich alle, Menschen, Tiere und Pflanzen, riesig freuen.

Ein Männlein steht im Walde, hört des Jägers aufmunterndes Lied und stapft an den Waldesrand, wo es beim Ausblick in das weite Tal Bauklötze staunt:

Kein schöner Land in dieser Zeit!

Des Männleins Jubel trägt der Wind bis in das Städtchen, das sich in die Talsohle schmiegt.

Am Brunnen vor dem Tore verharrt ein Wandersmann, der sein Lebensmotto nie bereut hat: *Das Wandern ist des Müllers Lust.*

Von fern hört er das Klappern der *Mühle am rauschenden Bach*.

Verwundert schaut er um sich. *Aus dem hohlen finstern Tor dringt ein buntes Gewimmel hervor. Jeder sonnt sich heute so gern. Sie feiern die Auferstehung des Herrn.*

Da kreuzt eine freundliche Dame im schmucken Sonntagskleid den Weg des Wanderburschen und ruft ihm zu:

„Freut euch des Lebens!"

Du, du liegst mir im Herzen, würde er ihr gerne antworten. Doch er denkt bei sich:

Ich weiß nicht, was soll es bedeuten, dass ich so traurig bin. Ein Märchen aus uralten Zeiten, das geht mir nicht aus dem Sinn.

Da schiebt ein Straßenmusikant seine Drehorgel durch die Gasse:

„Jetzt kommen die lustigen Tage."

Die frohe Botschaft hellt die Laune des Wanderers ein wenig auf. Ein hellhöriger Spaziergänger spitzt die Ohren und grummelt:

„Horch, was kommt von draußen rein!"

Man hört Hufschläge, Knarren, Quietschen und lauthalses Gejohle. Ein Pferdegespann passiert den Brunnen und jagt durch das Stadttor. Weinselige Burschen schunkeln auf dem Wagen und grölen:

„Marmor, Stein und Eisen bricht, aber unsere Liebe nicht."

Der Bursche kann dem schlingernden Tross gerade noch ausweichen und spricht sich selbst Mut zu:

Wem Gott will rechte Gunst erweisen, den schickt er in die weite Welt.

Beherzt packt er seinen Wanderstab, schwenkt seinen breitrandigen Hut zum Abschiedsgruß und folgt dem Frühlingsgezwitscher der Vögel.

„Im Frühtau zu Berge", singt er beschwingt, während er davon eilt. Beim Blick in die weite Flur schmettert er: *„Die Gedanken sind frei"*. Hoch oben kreist ein stolzer Bussard und stimmt ihm mit spitzen Schreien zu. Lerchen begleiten den Wandersmann, der auf seiner Klampfe das Lied des wohlgemuten Taugenichts anstimmt:

„Den lieben Gott lass ich nur walten;
Der Bächlein, Lerchen, Wald und Feld
Und Erd' und Himmel tut erhalten,
Hat auch mein' Sach aufs best' bestellt!"

AM ALPHABET ORIENTIERTE SUCHÜBUNGEN

Sie führen oft zu anregenden bis lustigen Beiträgen.

Beispiele: Zu möglichst jedem Buchstaben des Alphabets einen Ortsnamen unserer Region finden. Ähnliche Bereiche: Landwirtschaft, Haushalt oder Haushaltsgeräte, Küche, Kleidung oder was man an sich trägt (Ehering, Hörgerät, Inlay etc.), Pflanzen, Bäume, Tiere (Fische, Vögel, Landtiere), Flüsse, Farben, Städte, Staaten, weibliche und männliche Vornamen, Familiennamen, Berufe, Automarken, Sportarten, Lieder, Fernsehsendungen, Filme, Bücher, Urlaubsziele, Prominente (Autoren, Politiker, Schauspieler, Sänger) usw.

Eine Variante besteht darin, zu jeweils einem Buchstaben Wörter aus diesen und andern Lebensbereichen zu suchen. (s.u.) Den Anfangsbuchstaben sollte der Vorleser jeweils für alle Zuhörer sichtbar positionieren.

Personen- und Ortsnamen sowie die Bezeichnungen der Gegenstände und Sachverhalte, gerne auch Einschätzungen und Bewertungen, die in der persönlichen Biografie verankert sind, werden gut und gerne erinnert. Immer wieder evoziert das eine oder andere Wort Assoziationen, die zu unerwarteten, also nicht planbaren Äußerungen, ja auch zum Gedankenaustausch führen.

Fortbewegungsmittel, -hilfsmittel

A. Auto, Amphibienfahrzeug, Aufzug

B. Bahn, Boot, Bulldog, Bus

C. Cabriolet, Caddie

D. Dampfer, Drachen, Dreirad, Drahtesel, Drahtseilbahn, Draisine (Vorläufer des Fahrrads, kleines Schienenfahrzeug zur Kontrolle von Eisenbahnstrecken), Düsenflugzeug

E. Eisenbahn, E-Bike, Esel, Elefant

F. Fähre, Fallschirm, Fahrrad, Fahrzeug, Fiaker, Flieger

G. Geländewagen, Gleitschirm, Gleitschuhe, Gokart, Gondel, Grubenwagen
H. Helikopter, Hubschrauber, Heißluftballon (Mongolfière)
I. Intercityzug (kurz: IC(E)), Inlineskates (kurz: Inliner)
J. Jawle (zweimastiges Segelboot), Jeep, Jetliner, Jetski, Jumbojet
K. Kabinenbahn, Kahn, Kajak, Kamel, Kanu, Kinderwagen, Kreuzfahrtschiff, Kutsche
L. Langlaufski, Lift, Limousine, LKW, Lok, Lore, Luftkissenfahrzeug, -boot, Luftmatratze, Luftschiff
M. Maulesel (Muli), Maultier, Mietwagen, Moped, Motorrad, Motorsegler, Mountainbike
N. Nachen, Nachtzug, Nahverkehrszug, Notarzthubschrauber, -wagen, Nordic-Walking-Stöcke, Nuss-Schale (kleines Boot)
O. Obus (Oberleitungsomnibus), Omnibus, Oldtimer
P. Pferd(ekutsche, -gespann), Panzer, PKW, Planwagen
Q. Quad (vierrädriges Motorrad), Quadriga (Viergespann, Streitwagen in der Antike)
R. Rad, Rakete, Raumschiff, Raupe, Reitpferd, Rennrad, Rennwagen, Rikscha (zweirädriger Wagen, den ein Mensch auf dem Fahrrad zwecks Personenbeförderung zieht), Rodelschlitten, Rollator, Roller, Rollschuhe, Rolltreppe, Ruderboot, Rutsche, Rutschbahn
S. Schiff, Schlauchboot, Schlitten, Schlittschuhe, Schnellboot, Schnellzug, Schwebebahn, Segelboot, -schiff, Seilbahn, Sesselbahn, -lift, Shuttle (Fahrzeug im Pendelverkehr; Abk. von Spaceshuttle, also Raumfähre), Skateboard (Rollbrett), Ski(lift), Straßenbahn, Streifenwagen, Surfbrett
T. Traktor, Tretroller, Tretboot, Trekkingrad
U. U-Boot (Unterseeboot), Unterwasserfahrzeug, Urbanbike (Stadtrad)
V. Van, Vehikel, Velozipet
W. Wagen, Wakeboard, Wasserski, Weltraumfahrzeug
X. Yacht (Jacht),
Z. Zeppelin, Zug, Zweimannboot, Zweimaster (Segler), Zweirad

Wissenswertes

Der „Stern" veröffentlichte am 28.6.2018 einen „Allgemeinwissen-Test", den ich sogleich auszugsweise in unserem Kreis thematisierte. Die Resonanz erstaunte mich. Viele wussten viel. Gut fürs Selbstwertgefühl! Etliche Testfragen regten zum Erfahrungs- und Gedankenaustausch an.

Ein Beispiel: Seit wann dürfen Frauen in Deutschland ohne Erlaubnis ihres Mannes den Führerschein machen?
A. seit 1908
B. seit 1946
C. seit 1958 (richtig).

Den folgenden Fragenkatalog habe ich dann zusammengebastelt. Er hat sich bewährt.
Drei Antwortalternativen sind genug.

Welcher Politiker war nie Bundeskanzler?
A. Kurt Georg Kiesinger (1966-1969)
B. Ludwig Erhard (1963-1966)
C. Theodor Heuss (richtig)

Welcher Politiker war nie Bundespräsident?
A. Karl Carstens (1979-1984)
B. Konrad Adenauer (richtig)
C. Gustav Heinemann (1969-1974)

Welcher Bundeskanzler hatte die kürzeste Amtszeit?
A. Helmut Schmidt (1974-1982)
B. Gerhard Schröder (1998-2005)
C. Kurt Georg Kiesinger (1963-1966) x

Welcher Bundeskanzler hatte die längste Amtszeit?
A. Willy Brandt (1969-1974)
B. Konrad Adenauer (1949-1963)
C. Helmut Kohl (1982-1998) (richtig)

Welche Parteien bilden zur Zeit die Große Koalition (2018)?
A. CDU/CSU und SPD (richtig)
B. CDU/CSU, Grüne und FDP
C. SPD, AFD und Die Linke

Welcher Staat ist heute keine Monarchie?
A. Niederlande
B. Norwegen
C. Italien (richtig)

Wann machte die erste Frau in Deutschland Abitur?
A. 1774
B. 1860
C. 1905 (richtig)

Welcher Schlagerstar wurde in Deutschland geboren?
A. Peter Alexander
B. Lolita (richtig)
C. Conny Francis

Welches ist das größte Land der Erde?
A. Russland (richtig)
B. Canada
C. USA

Wieviele Sprachen gibt es auf der Welt?
A. ca. 200
B. ca. 1000
C. ca. 6000 (richtig)

Wie viele Menschen sprechen Deutsch als Muttersprache?
A. 105 Mill. (185 beherrschen die deutsche Sprache) (richtig)
B. 300 Mill.
C. 500 Mill.

Wie alt wurde bislang der älteste Mensch?
A. 124 Jahre
B. 122 Jahre richtig (Jeanne Calment, 1875-1997)
C. 116 Jahre

Die häufigsten Vornamen der Neugeborenen Jungen beziehungsweise Mädchen im Jahre 2018?
A. Thomas (Rang 187)   Maria (Rang 43)
B. Ben (Rang 1)   Hanna(h) (Rang 2)
C. Paul (Rang 3)   Emma (Rang 1)

Das schnellste Tier? (Spitzengeschwindigkeit)
A. Vogel Strauß (70 km/h)
B. Gepard (120 km/h)
C. Wanderfalke (322 km/h)

Welches Tier lebte nachweislich am längsten?
A. eine Riesenschildkröte (256 Jahre)
B. ein Grönlandwal (211 Jahre)
C. ein Elefant (86 Jahre)

Welche Tiere haben keinen natürlichen Feind?
A. Tiger (richtig)
B. Zebra
C. Nashorn (richtig)

Welche Aussage ist falsch?
A. Die acht reichsten Personen haben so viel Vermögen wie die ärmere Hälfte der Menschheit.
B. Die Bevölkerung Afrikas hat sich in den letzten zwanzig Jahren auf 1,1 Milliarden Menschen verdoppelt.

C. Die Deutschen arbeiten in der Eurozone am längsten pro Jahr. (falsche Aussage)

Wer sind die vier biblischen Evangelisten?
A. Matthäus, Markus, Lukas, Johannes (richtig)
B. Matthäus, Martin, Paulus, Thomas
C. Matthäus, Augustinus, Judas, David

Wie viele Menschen lebten bisher auf der Erde?
A. ca. 50 Milliarden
B. ca. 110 Milliarden (richtig)
C. ca. 330 Milliarden

Die heute (2018) angesehensten Berufe in Deutschland?
A. Politiker (14 Prozent)
B. Bankangestellte (43 Prozent)
C. Sanitäter (96 Prozent, Sanitäter erhalten zusammen mit Feuerwehrleuten die höchste Zustimmung) (richtig)

Wie viele Menschen leben heute deutschlandweit in Städten?
A. ca. 40 Prozent
B. ca. 55 Prozent
C. ca. 75 Prozent (Tendenz stetig steigend, auch weltweit) (richtig)

Welche deutsche Großstadt ist nicht Landeshauptstadt?
A. Düsseldorf
B. Frankfurt (richtig)
C. Erfurt

Wieviele Städte umfasst 2018 der Rhein-Hunsrück-Kreis?
Boppard, Emmelshausen, Kastellaun, Kirchberg, Oberwesel, Rheinböllen, Simmern, St. Goar

Wann wurde die deutsche Rechtschreibung geregelt?
A. 1712
B. 1822
C. 1902 (nach der Vorgabe von Konrad Duden) (richtig)

Welche Information ist falsch?
A. Goethe schrieb den „Faust"
B. Goebbels schrieb „Mein Kampf" (falsch)
C. Schiller schrieb „Wilhelm Tell"

Welcher deutschsprachige Schriftsteller erhielt nicht den Literatur-Nobelpreis?
A. Heinrich Böll
B. Günther Grass
C. Max Frisch (richtig)

Welche Sportarten haben die meisten Spieler auf dem Spielfeld?
A. Fußball (11) (richtig)
B. Handball (7)
C. Basketball (5)

Wie oft wurde Deutschland Fußball-Weltmeister?
A. zweimal
B. dreimal
C. viermal (1954 in der Schweiz, 1974 in Deutschland, 1990 in Italien, 2014 in Brasilien) (richtig)

Welchen Fisch gibt es nicht im Rhein?
A. Aal
B. Hering (Salzwasserfisch) (richtig)
C. Karpfen

Wie hoch ist der höchste Baum in Deutschland?

A. 24 Meter

B. 52 Meter

C. 67 Meter (Name: „Gertrud") (richtig)

Welche historische Person gibt es nicht auf den Altenburger Spielkarten?

A. Maria Theresia (richtig)

B. Julius Cäsar (Karo-König)

C. Alexander der Große (Kreuz-König)

Welche Aussage ist falsch?

A. Der Mensch und die Menschenaffen haben gemeinsame Vorfahren.

B. Menschenaffen haben Gefühle und können sich in andere Gruppenmitglieder hineinversetzen.

C. Menschenaffen können nicht rechnen. (falsche Aussage)

Welche Aussage ist falsch?

A. Jesus hatte Geschwister.

B. Jesus wurde fünfzig Jahre alt. (falsche Aussage)

C. Im Koran ist Jesus ein bedeutender Prophet.

Welches Haushaltsgerät haltet Ihr für die wichtigste Erfindung? Welches ist überflüssig?

Eierkocher

Geschirrspüler

Gefriertruhe

Herd

Kaffeemaschine

Kühlschrank

Nähmaschine

Staubsauger

Toaster

Wäschetrockner

Waschmaschine

Wer war in euren Augen der beste Showmaster?
Rudi Carrell (1934-2006)
Peter Frankenfeld (1913-1979)
Hans-Joachim Kulenkampff (1921-1998)
Wim Thoelke (1927-1995)

SPRACHSPIELE

In welcher Lautschlange stecken die Namen unserer Bundeskanzler?

A. Helüheischeerauköwugastein (Bundespräsidenten)

B. Waseebecknevöllmatbalneu (Fußballer)

C. Aderkibraschmikoschrömerk (richtig)

Welche Wörter sind erfunden, stehen also nicht in einem deutschen Wörterbuch?

Januarkälte, Februarkürze, Märzenbecher, Aprilscherz, Maiglöckchen, Junikäfer, *Julimond* (Julmond = Dezember (veraltet)), Augustapfel (Klarapfel), *Septemberstern,* Oktoberfest, Novembernebel, *Dezemberschnee*

Welches Wort gibt es nicht?

Roßkur, Kurschatten, Schattenkabinett, Kabinettstück, Stückkosten, Kostenpunkt, Punktlandung, Landungsbrücke, Brückentag, *Tageheft,* Heftklammer, *Klammerkatze,* Katzenjammer, Jammerlappen, *Lappenvogel* (es gibt Lappentaucher, z.B. Haubentaucher), Vogelspinne, Spinnerei, Eidotter, *Dotterpflanze* (Dotterblume), Pflanzenkost, Kostprobe, Probeehe, ehedem, demnächst, nächstbeste (Verbindung), *Bestfrau* (Bestmann = erfahrener Matrose), Frauenzimmer, *Zimmerfrau* (Zimmermann) …

VERSTECKTE WÖRTER

Welches Körperglied/-teil steckt jeweils in allen (vier) Begriffen?
ver*arm*en, w*arm*, C*arm*en, D*arm*
M*ohr*rübe, B*ohr*er, R*ohr*stock, Verb*ohr*theit
B*auge*nehmigung, St*auge*fahr, T*auge*nichts, L*auge*(nbrezel)
Wer*bein*halte, *Bein*ame, *bein*halten, *bein*ahe
P*oli*zei, A*po*theke, Flaschen*post*, Re*port*er, Ty*po*graph (Schriftsetzer)
T*elle*r, Gaz*elle*, K*elle*, *Elle*n, *Elle*rn

Welcher Vogel steckt in allen vier Begriffen?
G*rabe*n, Polter*abe*nd, mise*rabe*l, A*rabe*r

Welches Säugetier steckt in den vier Begriffen?
Kl*amm*er, Fl*amm*e, entfl*amm*en, *lamm*fromm

Welcher Meeresfisch steckt in den vier Begriffen?
*Lachs*alve, *Lachs*ack, Fl*achs*, Pendel*achs*e

Welcher Zweig eines Baumes steckt in den Begriffen?
Kat*ast*er, Z*ast*er, Kn*ast*, Pfl*ast*er, L*ast*er, R*ast*er, M*ast*

Welcher Nadelbaum/Laubbaum steckt in den Begriffen?
L*eibe*igenschaft, L*eibe*sübungen, Sch*eibe*nschießen, R*eibe*rei, R*eibe*
str*eiche*ln, schm*eiche*ln, Weltr*eiche*, Z*eiche*nblock

Welcher weibliche Vorname steckt in den Begriffen?
F*erna*ufnahme, v*erna*schen, v*erna*rben, K*erna*rbeitszeit

Welches Eigenschaftswort kommt in allen Begriffen vor? Seine Bedeu-
tungen sind: gleichmäßig flach, glatt, genau.
Erd*eben*, l*eben*dig, erstr*eben*swert, R*eben*saft, N*eben*sache, *Eben*e,
*eben*falls

Das in den Begriffen versteckte Wort findet man jeder Ecke.
meckern, kleckern, Flecken, Recke, Buchenecker, Hecke, Zecke

Auf diesem Planeten wohnen wir.
zerdeppern, werden, Pferde, Herde

Welcher Begriff /Name bezeichnet kein(-e, en) …

Ballsport: Tischtennis, Tennis, *Billard* (Kugel), Badminton (Federball)
Kopfbedeckung: Hut, Dreispitz, *Krause*, Barett
Küchengerät: Spülmaschine, *Trockner*, Mikrowelle, Kühlschrank
Säugetier: Wal, Delphin, *Hai*, Bisamratte
Pflanze: Knöterich, *Pilz*, Löwenzahn, Brennnessel
Schlagersänger: Gitte, Marika Rökk, *Romy Schneider*, Lale Andersen
Schauspieler: Peter Alexander, Heinz Rühmann, *Fritz Walter*, Heinz Erhardt
Politiker: Helmut Schmidt, *Helmut Rahn*, Helmut Kohl, Herbert Wehner
Katze: Puma, *Meerkatze*, Tiger, Leopard
Sportler: Hans-Jürgen Bäumler, Horst Eckel, Marika Kilius, *Ludwig Ganghofer*

Wie heißen die richtigen Wörter?

Tuchtisch – Tischtuch
Nadelstrick – Stricknadel
Stollenchrist – Christstollen
Predigtberg – Bergpredigt
Schattenkur – Kurschatten
Schlauchgarten – Gartenschlauch
Fleischzahn – Zahnfleisch
Zeigeruhr – Uhrzeiger

Korbstrand – Strandkorb
Stimmungskater – Katerstimmung
Bildwand – Wandbild
Streuselkuchen – Kuchenstreusel
Käsereibe – Reibekäse
Bergriese – Riese[n]berg
Seiltanz – Tanzseil
Bürgerstreichschild – Schildbürgerstreich
Tischbrüderstamm – Stammtischbrüder
Wurfhügelmaul – Maulwurfhügel
Baumbuchbilder – Bilderbuchbaum
Schmuckbaumchrist – Christbaumschmuck
Notizbuchtage – Tagebuchnotiz
Kuchenpferdhonig – Honigkuchenpferd
Glasweinrot – Rotweinglas
Putztuchbrillen – Brillenputztuch
Dankfesternte – Erntedankfest
Vereinsschutztier – Tierschutzverein
Zimmerschlafschrank – Schlafzimmerschrank
Heimkuckuckswolken – Wolkenkuckucksheim
Tierkäfigraub – Raubtierkäfig
Gedenktaghelden – Heldengedenktag
Lagerteilersatz – Ersatzteillager
Brotvollroggenkorn, Kornvollbrotroggen – Roggenvollkornbrot
Marktflohansturmbesucher – Flohmarktbesucheransturm
Landehubschrauberplatznot – Hubschraubernotlandeplatz
Haltebahnstraßenstelle – Straßenbahnhaltestell

Welche Begriffe verbergen sich in den Phantasien eines Schaukelaffen?

Mit dem Mützenzipfel auf dem Kopf
lockte Hansschmal, dieser Tropf,
am Muffelmorgen Temposchnecken
in eines Zwerggartens schattige Ecken.

Hansschmals Käsehand verteilte Deckelbier,
Vogelspaß versprach sein Wurfmaul jetzt und hier.
Die Temposchnecken, sie bekamen Schmausaugen
und lachten: Das ist wirklich kaum zu glauben.

Heimwolkenkuckucks Zettelwunsch hatte Charme:
Möge des Hüterballfußtors Banduhrarm
als Saugerstaub die Bälle vor der Magensau
bewahren. Der Beutelwind, er wehe schlau!

(Affenschaukel, Zipfelmütze, Schmalhans, Morgenmuffel, Schnecken-tempo, Gartenzwerg, Handkäs, Bierdeckel, Spaßvogel, Maulwurf, Augenschmaus, Wolkenkuckucksheim, Wunschzettel, Fußballtorhüter, Armbanduhr, Staubsauger, Saumagen, Windbeutel)

Welcher Begriff fällt jeweils aus dem Rahmen?

(Je nach Gruppe nur drei Begriffe! Plausibel begründete Alternativent-scheidungen sind willkommen. Etliche Begriffe und die jeweilige Aus-wahlentscheidung laden erfahrungsgemäß zu regen Diskussionen ein.)

Mantel, Pullover, *Unterhose*, Jacke
Richter, Staatsanwalt, *Kommissar*, Rechtsanwalt
Moped, Motorroller, *Fahrrad*, Motorrad
Zahn, Zunge, Rachen, *Ohr*
Weihnachten, *Karneval*, Ostern, Pfingsten
gehen, springen, hüpfen, *schwimmen*
stolz, traurig, *reich*, ehrlich
Aschaffenburg, Würzburg, *Wartburg*, Regensburg
Hut, Mütze, *Handschuh*, Kopftuch
Elektriker, Fliesenleger, *Bankangestellter*, Landwirt
Huhn, Hahn, Gans, *Ente*
Habicht, Eule, Kauz, Uhu
Hai, Delphin, Wal, Seehund
Löwenzahn, *Champignon(pils)*, Mohnblume, Kornblume
Tomate, Gurke, *Blumenkohl*, Kürbis
Winnetou, Old Shatterhand, Lederstrumpf, *Sitting Bull*
Brüssel, *Nassau*, Lissabon, Budapest
Fußball, Handball, Basketball, Volleyball
Tischtennis, Tennis, Federball, *Völkerball*
Judo, Ringen, *Gewichtheben*, Boxen
Turm, *Mühle*, Dame, Bauer
Trompete, Saxophon, Dudelsack, *Ziehharmonika*
Fritz Walter, Sepp Herberger, Franz Beckenbauer, Rudi Völler
Helmut Rahn, *Helmut Recknagel*, Helmut Schön, Helmut Haller
Stuttgart, *Frankfurt*, Mainz, Hannover
Peter Frankenfeld, Peter Alexander, Peter Kraus, Peter Maffei
Wilhelm Busch, Christian Morgenstern, *Pablo Picasso*, Joachim Ringelnatz
Fichte, Tanne, Weide, *Ginster*
Gorilla, Schimpanse, Orang-Utan, *Pavian*

Löwe, Tiger, *Meerkatze*, Hauskatze

Ludwig Ehrhardt, *Christian Wulf*, Gerhard Schröder, Willi Brandt

Liselotte Pulver, Conny Francis, Lale Andersen, Margot Eskens

Ludwig van Beethoven, *Caspar David Friedrich*, Wolfgang Amadeus Mozart, Robert Schumann

Zebra, *Kamel*, Esel, Maultier

Nachttisch, Kleiderschrank, Bettvorleger, *Staubsauger*

Abzugshaube, *Waschmaschine*, Flotte Lotte, Kühlschrank

Manege, Clown, *Eismann*, Seiltänzerin

Klingelbeutel, Kanzel, *Bankschalter*, Tabernakel

Kreide, Tafel, *Couch*, Pult

Tornetz, Rasen, *Siebenmeterpunkt*, Eckfahne

Berlin, Hamburg, *Frankfurt*, München

Rotmilan, Habicht, *Rabe*, Bussard

Gedicht, Roman, *Choral*, Bibel

Fleisch, Schinken, *Tofu*, Wurst

Hammer, Zange, *Nagel*, Säge

Weizen, *Heu*, Hafer, Gerste

Boskop, *Adamsapfel*, Granatapfel, Erdapfel

Peter Pan, Pippi Langstrumpf, *Dracula*, Pünktchen und Anton

Kind, Jugendlicher, *Sportler*, Erwachsener

rot, *dunkel*, grün, gelb

Punkt, Komma, *Strich*, Ausrufezeichen

Sattel, Lenker, *Auspuff*, Klingel

Schere, *Zange*, Lockenwickler, Bürste

Hände, Kopf, Füße, Flügel

Sieb, Messer, Dosenöffner, *Stiefelknecht*

Wäschekorb, Toilettenbürste, *Kleiderschrank*, Spiegel

Tohuwabohu, Chaos, *Ordnung*, Wirrwarr

Bauch, Rücken, *Knie*, Brust

eilen, *gehen*, laufen, sprinten

nachdenken, malochen, *faulenzen*, schuften

warm, *nass*, kalt, heiß

Ruhe, Muße, *Langeweile*, Geduld

Fenster, Haustür, Dachluke, *Keller*

Scheune, *Koppel*, Stall, Bauernhof

Bulle, Stier, *Ochse*, Rind
Löschpapier, Tintenkiller, *Füller*, Radiergummi
rechnen, *schwimmen*, lesen, schreiben
heute, *früher*, morgen, gestern
Straße, *Schiene*, Waldweg, Piste
Bushaltestelle, Garage, *Nürburgring*, Parkhaus
Kindergarten, Schule, Universität, *Betrieb*
Seniorenheim, Hotel, Krankenhaus, Pension
Kirche, Moschee, *Palast*, Synagoge
Wut, Gelassenheit, Zorn, *Müdigkeit*
Bar, Kneipe, *Imbissbude*, Schänke (Ausschank)
Koch, *Metzger*, Konditor, Bäcker
Obstler, Bier, *Schorle*, Rotwein
Blumengarten, *Wintergarten*, Biergarten, Rosengarten
Oma, Opa, Onkel, *Schwager*
Eis, Schnee, Regen, Schauer
Sturm, Wind, *Luft*, Brise
Boden, Ringe, Pferd, *Stall*
Gold, Silber, *Marmor*, Diamant
Australien, Asien, *Arabien*, Afrika
Murks, Pfusch, Schlamperei, *Fehler*
Rasen, Wiese, *Acker*, Weide
Qualm, Feuer, *Dunst*, Rauch
Fahrrad, Drahtesel, *Maultier*, Velo(ziped)
Ruine, Museum, Denkmal, *Gemäuer*
Biene, Wespe, *Zecke*, Hummel
Kuppel, Dach, Turm, *Kellergewölbe*
Tischtennis, Rundlauf, *Staffellauf*, Pingpong
Eselei, Schweinerei, Pinselei, *Einerlei*
Frechdachs, Lustmolch, *Stubentiger*, Angsthase
Völkerball, *Maskenball*, Volleyball, Handball
Kaninchenmarkt, *Flohmarkt*, Hühnermarkt, Schweinemarkt
Astgabel, *Birkenstock*,Tannenzweig, Espenlaub
Karussell, *Affenschaukel*, Spielplatz, Bolzplatz
Räuber, *Vatermörder*, Krimineller, Gangster
Honigkuchenpferd, *Maultier*, Steckenpferd, Panikhenne

Banane, *Apfel*, Apfelsine, Mandarine

Großbritannien, Niederlande, *Bundesrepublik Deutschland*, Spanien

Hauptwort, Eigenschaftswort, *Satz*, Tätigkeitswort

Zufall, *Lottogewinn*, Schicksal, Glück

Zugpferd, Trampeltier (zweihöckriges Kamel), Leithammel, Schafs-kopf, *Tränentier*

Pfarrer, Geistlicher, *Pfaffe*, Pastor

Flaschenhals, Engpass, Nadelöhr, *Einbahnstraße*

Abstellgleis, Endstation, *Haltepunkt*, Wendehammer

Sonntagskind, *Montagsauto*, Eintagsfliege, Tagesmutter

Granatapfel, Zankapfel, *Cox Orange*, Pferdeapfel

Schattenseite, *Nachtschattengewächs* (Kartoffel, Tomate), Kurschat-ten, Schattenkabinett

Sturkopf, *Doppelkopf*, Dummkopf, Schwachkopf

Hasenfuß, *Löwenbändiger*, Pantoffelheld, Großmaul

Stinkstiefel, *Stiefelknecht*, Stiefellecker (Speichellecker), Stiefvater

Arbeiter, Angestellter, Minister, *Unternehmer*

Fußballspieler, *Leisetreter*, Kicker, Bolzer

Grünspecht, *Grünschnabel*, Schnabeltier, Tierpfleger

Leithammel, Leitschnur (Richtspur), Leitplanke, Leitzins

Narr (Possenreißer), Spaßmacher, *Lügner*, Schalk

Mätresse, Eskortdame, *Freundin*, Prostituierte

nagelneu, taufrisch, *modisch*, brandneu

Nesthäkchen, *Baby*, Dreikäsehoch (kleiner Junge), Backfisch (junges Mädchen 14-17)

Winter, *Fastnachtszeit*, Sommer, Herbst

Pferdefuß, *Pferdeapfel*, Pferdekuss, Pferdegebiss

Hering, *Stockfisch*, Karpfen, Hecht

Fehler, *Eigentor*, Dummheit, Versehen

Zoo, *Gehege*, Tiergarten (kleinerer Zoo), Tierpark (großflächiger zoo-logischer Garten)

Verwandtschaft, Nachbarschaft, Burschenschaft, Liebschaft

Rangelei, *Einerlei*, Keilerei, Rauferei

Angeber, Aufschneider, *Lügner*, Prahlhans

Pfennigfuchser, Geizhals, *Sparer*, Geizkragen

Schnorrer, *Bittsteller*, Nassauer (lebt auf Kosten anderer), Bettler

Hornochse (dumm, unverständig), Tölpel, *Nichtsnutz*, Einfaltspinsel

stur, rechthaberisch, *dumm*, engherzig

Aprilscherz, Maiglöckchen, Junikäfer, *Julimond* (Julmond = Dezember (veraltet))

Augenwischerei, *Betrug*, Flunkerei (nicht ganz der Wahrheit entsprechend), Schwindel

Zettelwirtschaft, *Ordnung*, Durcheinander, Chaos

Die folgenden Worträtsel sind anspruchsvoll. Gleichwohl haben etliche meiner Zuhörerinnen recht schnell das Wortbildungsmuster (Komposita) erkannt und dann die Aufgaben gelöst. Zwei, drei solcher Knobelaufgaben sind bei einer unserer wöchentlichen Zusammenkünfte angebracht.

Drei Auswahlwörter haben jeweils ein gemeinsames Kopfwort (Bestimmungswort).

Zur visuellen Unterstützung empfiehlt es sich, die vier Wörter jeweils auf einem Plakat zu präsentieren.

Braten, Mops, Kragen, *Tasse*, Treppe (Rollbraten, Rollmops, Rollkragen, Rolltreppe)

Band, Entzündung, Kette, *Pflanze* (Hals- ...)

Burg, *Fels*, Rennen, Rad (Wagen- ...)

Bahnhof, Ball, *Freizeit*, Arbeit (Kopf- ...)

Arbeit, Käse, *Brot*, Schrift (Hand- ...)

Abdruck, Ball, *Auto*, Bremse (Fuß- ...)

Flut, *Fluss*, Gepäck, Spitze (Sturm- ...)

Kerze, Bank, *Tisch*, Horn (Nebel- ...)

Tag, *Monat*, Söhnchen, Sprache (Mutter- ...)

Bar, Arbeit, *Büchse*, Topf (Nacht- ...)

Bett, Lack, *Experiment*, Probe (Nagel- ...)

Kästchen, Maschine, Nadel, *Hammer* (Näh- ...)

Flügel, Fahrrad (scherzh. für Brille), *Auto*, Länge, Bär (Nasen- ...)

Freiheit, Kappe, *Keller*, Haus (Narren- ...)

Klappe, *Handwerker*, Sessel, Arzt (Ohren- ...)

Suppe, *Weizen*, Mehl, Netz (Fisch- ...)

Frikassee, Habicht, Auge, *Ohr* (Hühner- ...)

Pokal, *Pflaster*, Zirkus, Düne (Wander- …)

Bart, Käse, Peter, *Paul* (Ziegen- …)

Stäbchen, Häkchen, Hocker, Bau (Nest- …)

Arzt, Nagel, *Hammer*, Schlachtung (Not- …)

Zeuge, Blick, *Stich*, Weide (Augen- …)

Fleisch, Bürste, *Kamm*, Arzt (Zahn- …)

Witz, Sinn, *Käse*, Vorstellung (Wahn- …)

Bezirk, Ausgang, *Ausguss*, Benachrichtigung (Wahl- …)

Wäsche, Ton, *Geräusch*, Vermieter (Unter- …)

Arm, *Rücken*, Kiefer, Haupt (Ober- …)

Druck, *Leiter*, Loch, Leiste (Knopf- …)

Brunnen, Frau, *Mädchen*, Volk (10-14 jährige Jungen in der Hitlerjugend) (Jung- …)

Satz, Treffer, *Meter*, Tor (Gegen- …)

Jahr, *Tag*, Geburt, Stück (Früh- …)

Büro, Geld (= Finderlohn), *Lohn*, Grube (Fund- …)

Flamme, *Kerze*, Probe, Tag (Stich- …)

faul, langweilig, sauer, *verärgert* (stink- …)

Schmutz, Fänger, Sauger, Wedel, (Staub- …)

Bank, *Tisch*, Kissen, Pause (Ruhe- …)

Marke, Blume (Löwenzahn), *Baum*, Klosett (Hunde- …)

Auge, Mann, *Frau*, Perspektive (Frosch- …)

Fleisch, Bad, *Dusche*, Riese (Sitz- …)

Baum, Blüte, Saft, *Farbe* (Apfel- …)

Tuch, Fänger, *Schnee*, Wolke (Staub- …)

Pfeife, Ratte, *Frau*, Mann (Wasser- …)

Frosch, Glas (veralt. Barometer), *Eisen*, Scheide (=Grenze) (Wetter- …)

Fürst, Schatten, *Herzog*, Ort (Kur- …)

Bahn, Bursche, *Kerl*, Gitter (Lauf- …)

Fabrik, Paar, *Arm*, Tänzer (Traum- …)

Geld, Vergleich, *Fall*, Schraube (Preis- …)

Hahn, Katze, Sack, *Asche* (Geld- …)

Trommel, Bläser, *Licht*, Lawine (Blech- ...)

Markt, Baum, *Ente*, Gans (Weihnachts- ...)

Garten, *Gras*, Weizen, Mantel (Winter- ...)

Müdigkeit, Anfang, *Ende*, Putz (Frühjahrs- …)

Urlaub, Loch, Fahrplan, *Schnee* (Sommer- …)

Ferien, Nebel, *Mannschaft*, Meisterschaft (Herbst- …)

Tisch, Jammer, *Gaumen*, Zunge (Katzen- …)

Eimer, Behälter, *Bild*, Tüte (Müll- …)

Strauß, Vase, *Tasse*, Topf (Blumen- …)

Fuß, Bein, Pauke, Punkt (Stand- …)

Schnitt, *Aufsatz*, Ansatz, Pracht (Haar- …)

Witz, *Humor*, Haus, Stufe (Treppen- …)

Verbindung, Nummer, *Abschluss*, Anschluss (Telefon- …)
Schutz, *Treffer*, Brand, Schirm (Sonnen- …)
Kopf, *Hals*, Zucht, Käse (Schaf(s)- …)
Lage, Lüge, *Hammer*, Nagel (Not- …)
Schaukel, Zahn, *Gebrüll*, Theater (Affen- …)
Tänzer, Pfad, *Abgrund*, Schleife (Traum- …)
Suppe, Gericht, *Richter*, Zähler (Erbsen- …)
Pause, *Lücke*, Zeit, Bank (Ruhe- …)
Gefühl, Fett, *Knochen*, Fleisch (Bauch- …)
Maske, Hose, *Rand*, Band (Strumpf- …)
Hund, *Katze*, Priester, Stall (Schweine- ...)

Alle vier Auswahlwörter haben ein gemeinsames Endwort (= Grund-wort). Dennoch tanzt eines der vier aus der Reihe. Je nach Blickwinkel können unterschiedliche Entscheidungen getroffen werden, was – erhoffte - Diskussionen auslöst, zum Beispiel bei den Grundworten -arbeit oder -sitz.
Welches Wort fällt aus dem Rahmen?

Kinder, *Männer*, Frauen, Schlaf (- zimmer)
Stahl, Hosen, *Strümpfe*, Bedenken (- träger)
Kind, Traum, Quoten, *jeder* (- frau)
Küchen, Leer, Schlag, *Treffer* (- zeile)
Wettkampf, Lieder, Spiel, munter (- macher)
Puste, Mutter, Hunde, Obst (- kuchen)
Puste [=Atem(luft)], Eis, *Apfel*, Korn, (- blume)
Feld, *Fuß*, Kinder, Doktor (- arbeit)
Kreis, *Nerven*, Stich, Laub (- säge)
Kinder, *Jugend*, Schneider, Schleuder (- sitz)
Wetter (scherzh. f. Metereologe), Gras, Laub, Wasser (- frosch)
Giebel, *Augen*, Dach, Doppel (- fenster)
Schwarz, Weiß, *Gelb*, Roggen (- brot)
Stecken, *Kasten*, Spring (Schiffsleine), Honigkuchen (- pferd)
Gold, *Geld*, Silber, Kupfer (- mine)
Morgen, Abend, *Wetter*, Stern (- himmel oder - stunde)
Doppel, Stand, *Kreis*, Schnitt (- punkt)

Spaten, *Schaufel*, Bienen, Nadel (- stich)
Wind, Flug, *Absturz*, Polizei (- hund)
Buch, Haus, *Balken*, Händler (- preis)
Atem, Körper, *Banken*, Gedanken (...los)
Chancen, Gnaden, *Waben*, Arbeit (...los)

Das eine und das andere

Das eine gibt es nur, weil es auch das andere gibt. Die zwei Seiten einer Medaille eben.

Unser Leben besteht nun mal aus Gegensätzen. Lob baut auf, Tadel baut ab.

Gegensätzlichkeit prägt auch die Natur. Kein Schatten ohne Licht.

(Jedes fünfte Beispiel ist ein Stolperstein. Da ist Phantasie gefragt. Wir beginnen mit den leichten Päckchen. So sind Erfolgserlebnisse möglich! Bei einem erneuten Durchgang fangen wir jeweils mit den rechten Wörtern an.)

kalt … warm
tief … hoch
dick … dünn
klug … dumm
bald … später

unter … über
munter … müde
leugnen … zugeben
gutmütig … bösartig
abgehärtet … verweichlicht

trocken … nass, feucht
bunt … blass, einfarbig
kalt … warm
wild … zahm
nervig … (ruhig, entspannt)

Wahrheit oder … Lüge?
Gott … Teufel
Lob … Tadel
Liebe … Hass
Hunsrück … (Stadt, Flachland, Rhein-Tal)

eng … weit
Frieden … Streit
Sommer … Winter
Frühling … Herbst
Fernsehen … (Gespräch, Buch; reden, lesen)

Tag … Nacht
Sonntage … Werktage
Morgen … Abend
Freude … Trauer
Fastnacht … (Aschermittwoch, Totensonntag ...)

obdachlos … seßhaft
rastlos … gelassen, ruhig
rätselhaft … eindeutig, durchschaubar
miesepetrig … gutgelaunt, fröhlich
humorvoll … (langweilig, bieder ...)

Arbeit … Freizeit
Wissen … Glauben
Feuer … Wasser
Tod … Leben
Hitler … (Friedensnobelpreisträger ...)

Sieg … Niederlage
Gewinn … Verlust
Froschperspektive … Vogelperspektive
Hochstapler … Tiefstapler
Sitzriese … Sitzzwerg

Stille … Lärm, Krach
Gefahr … Sicherheit
Fremder … Einheimischer
Heimat … Fremde
Politiker … (Privatmann, Privatier ...)

abenteuerlich … langweilig
nervös … abgeklärt
glänzend … matt
hungrig … satt
durstig … sitt (Kunstwort für: nicht mehr durstig)

schweigsam … gesprächig
schroff … freundlich
erlaubt … verboten
komisch … tragisch
witzig … (humorlos, staubtrocken, langweilig)

die Autobahn nehmen … über die Dörfer fahren
es wird böse enden … alles wird gut
Däumchen drehen … zupacken
Klartext reden … um den heißen Brei herumreden
den Hintern nicht hochkriegen … sich aufraffen

die Spatzen pfeifen es von den Dächern … es hat sich noch nicht
herumgesprochen
mit etwas hinter dem Berg halten … alle Karten auf den Tisch legen
nicht alles auf die Goldwaage legen … auf Kleinigkeiten herumreiten
kein Waisenknabe sein ... den Unschuldsengel spielen
jemand auf Augenhöhe begegnen ... buckeln, sich verbeugen

Schnee von gestern … aktuell
dünne Bretter bohren … dicke Bretter bohren
in Kraft setzen … abschaffen
sich wie ein Aal winden … nicht lange drumherum reden
Stubenhocker … Hans Dampf in allen Gassen

Hochdeutsch … Dialekt, Mundart
Stummfilm … Tonfilm
Opfer … Täter, Schuldiger
Märchen … Tatsache, Wirklichkeit
Ladenhüter … Verkaufsschlager

fortgehen … bleiben
grollen … jubeln, frohlocken
Gas geben … bremsen
zustimmen … nein sagen, ablehnen
schwarzsehen … zuversichtlich, optimistisch sein

Großhandel … Einzelhandel
Profi … Laie, Amateur
Flachland … Anhöhe
Abneigung … Zuneigung
Putzteufel … Dreckschwein

Abendrot … Morgenrot
Ärger … Freude, Begeisterung
Beifall … Buhrufe
Sympathie … Abneigung, Antipathie
Eselei … kluges, überlegtes Vorgehen

Lärm … Ruhe, Stille
Hörer … Redner, Sprecher
Farbfilm … Schwarz-Weiß-Film
Stummfilm … Tonfilm
Märchen … Realität, Wirklichkeit

Schatten … Licht
Meister … Lehrling
Eber … Bache
Stupsnase … Hakennase
Mode … Zeitlosigkeit
ein Auge zudrücken … es genau nehmen mit

etwas aus erster Hand wissen … über zig Ecken erfahren haben
keinen Fuß vor die Tür setzen … die Wohnung verlassen
ins Schwarze treffen … daneben liegen
den Braten riechen … etwas für bare Münze nehmen

links liegen lassen … sich für etwas interessieren
(sich etwas) in die (eigene) Tasche lügen … sich nichts vormachen
auf dem Boden der Tatsachen (bodenständig) … abgehoben
zu Bett gehen … aufstehen
jemandem nicht gewachsen sein … es aufnehmen können mit

Reimvariante

Sommer – Winter
Erwachsene – Kinder

Herbst – Frühjahr
falsch – wahr

Schluss – Beginn
Verlust – Gewinn

Kälte – Wärme
Mond – Sterne

Gelassenheit – Wut
Feigheit – Mut

Nebensache – Hauptsache
Vergebung – Rache

Niederlage – Sieg
Frieden – Krieg
treppauf – treppab
Galopp – Trab
Laster – Tugend
Alter – Jugend

Bache – Eber
Faulenzer – Streber

Dorf – Stadt
hungrig – satt

Wir erraten Begriffe für Dinge, Personen, Ereignisse.

Das sind oft Komposita, also zusammengesetzte Wörter.
Beispiel: *Arm* = Kopfwort, - *band* = Mittelwort, - *uhr* = Endwort

Wir suchen ein nützliches Ding, das jeder hier im Raum besitzt.
Früher war das gesuchte Ding ein beliebtes Konfirmationsgeschenk.
Das gesuchte Gerät ist je nach Ausführung auch ein Luxusartikel.
Heute verzichten viele darauf, da ein anderes Gerät seine Aufgabe mit übernimmt.
Die Bezeichnung für das Gerät besteht aus drei einsilbigen Wörtern.
Das Kopfwort nennt das Körperteil, das das gesuchte Gerät trägt.
Armbanduhr

Wir suchen Kleintiere, die keine Einzelgänger sind.
Sie sind Allesfresser, ja sogar Aasfresser.
Diese Kleintiere gehören zu den Insekten.
Sie bilden Staaten und haben eine Königin.
Sie selbst werden von „Ameisenbären" gefressen.
Ameisen

Eine Jagdwaffe wird gesucht.
Der zweigliedrige Begriff besteht aus zwei einsilbigen Wörtern.
Diese Wörter nennen Körperteile.
Das Kopfwort nennt ein Körperglied an der rechten und linken Schulter.
Das Endwort bezeichnet die vordere Seite des menschlichen Rumpfs.
Mit der altbekannten Schusswaffe erschoss Wilhelm Tell den Landvogt Geßler.
Armbrust

Bei dem gesuchten Begriff geht es um ein menschliches Bedürfnis.
Dieses Bedürfnis wird bildhaft einem Tier zugeschrieben.
Das Tier ist groß, stark und hat keine natürlichen Feinde.
In keinem Zoo verzichtet man auf die Attraktion dieses starken Tieres.

Das Tier bildet das Kopfwort des aus zwei Wörtern bestehenden Begriffs.

Das Bedürfnis, um das es geht, steckt in dem Endwort.

Meister Petz hungert es.

Bärenhunger

Ein geschmackvoll gedeckte Hochzeitstafel könnte man mit dem gesuchten Begriff wertschätzen.

Gesucht wird ein zweigliedriger Begriff.

Dessen Kopfwort ist zweisilbig, das Endwort ist einsilbig.

Das gesuchte Wort gibt es nur in der Einzahl.

Das Kopfwort bezeichnet das Sehorgan von Mensch und Tier.

Das Endwort bezeichnet eine leckere Mahlzeit, die man mit Genuss verzehrt.

Einen besonders erfreulichen Anblick nennt man

Augenschmaus (-weide)

Gesucht wird eine heute kaum noch übliche Form der Züchtigung.

Der Begriff besteht aus einem einsilbigen Kopf- und einem zweisilbigen Endwort.

Wenn man an das Kopfwort ein -e anhängt, bezeichnet es einen Gesichtsteil links und rechts von der Nase.

Mit dem Endwort leitet der Fußballschiedsrichter das Spiel.

Der gesuchte Begriff hat eine ähnliche Bedeutung wie die ´Ohrfeige'.

Backpfeife

Wir suchen eine große männliche Person.

Das gesuchte zweigliedrige Wort ist mehrdeutig.

Das zweisilbige Kopfwort bezeichnet eine als Gemüse verwendete Gartenfrucht.

Das zweisilbige Endwort bezeichnet ein in den Boden gestecktes Holzstück.

An diesem Holzstück ragt die Pflanze in die Höhe, in deren Hülsen die Frucht sitzt.

Wir suchen einen hochaufgeschossenen hageren Menschen.

Den nennt man mit einem anderen als dem gesuchten Wort umgangssprachlich „Lulatsch".
Bohnenstange

Der gesuchte zweigliedrige Begriff hat zwei Bedeutungen.
Einerseits suchen wir eine giftige Kobra.
Andererseits suchen wir eine Person, die eine Sehhilfe benötigt.
Die Person ist weiblich.
Der gesuchte Begriff lässt die Person nicht gerade als attraktiv erscheinen.
Das Kopfwort nennt ein Gestell, das Endwort ein Kriechtier.
Brillenschlange

Wir suchen einen zweigliedrigen Begriff, dessen Kopfwort einsilbig, dessen Endwort zweisilbig ist.
Das Kopfwort ist ein schnurförmig ausgezogenes Stück Metall.
Das Endwort ist ein aus einem Bewegungsverb abgeleitetes Hauptwort.
Dieses Hauptwort gibt es nur in der Kombination mit dem Kopfwort.
Der gesuchte Begriff bezeichnet jemanden, der andere für seine Ziele einspannt, selbst aber im Hintergrund bleibt.
Oft setzt dieser Jemand einen sogenannten Strohmann ein.
Ein dem gesuchten Begriff bedeutungsähnlicher Begriff lautet „Strippenzieher".
Drahtzieher

Wir suchen eine bestimmte Art von Esel.
Mit dem ist man schneller unterwegs als zu Fuß.
Erfunden hat ihn ein deutscher Tüftler im 19. Jahrhundert.
In Deutschland gibt es zur Zeit von dem Fortbewegungsmittel so viele, wie das Land Einwohner zählt.
Seit einigen Jahren wird es häufig mit einem Elektromotor gekauft.
Den gesuchten Begriff benutzt man gerne scherzhaft.
Drahtesel

Wir suchen ein lustiges Sprachbild für einen Knaben.
Der gesuchte Begriff ist dreigliedrig.

Er besteht aus jeweils einsilbigem Kopf- und Endwort sowie aus einem zweisilbigen Mittelwort.

Das Kopfwort ist eine einstellige Zahl.

Das Mittelwort bezeichnet ein gängiges Milchprodukt.

Das Endwort meint das Gegenteil von 'tief'.

Der Knirps heißt auch **Dreikäsehoch**.

Gesucht wird der zweigliedrige Begriff für eine entbehrungsreiche Zeit.

Das zweisilbige Endwort ist ein Wegabschnitt, nämlich die Entfernung zwischen zwei Punkten.

Das einsilbige Kopfwort ist das Gegenstück zu Hunger. Jemand ist hungrig und …

Wer zum Beispiel kurzfristig arbeitslos ist, der erleidet eine

Durststrecke.

Die gesuchte männliche Person hat ein eher schlichtes Gemüt.

Der gesuchte Begriff besteht aus zwei zweisilbigen Hauptwörtern.

Das Endwort benutzt der Maler.

Das Kopfwort bezeichnet eine Geisteshaltung, die unerwachsen, naiv ist.

Die Person wird abfällig als einfältiger Mensch eingeschätzt.

Einfaltspinsel

Eine dumme, eine törichte Handlung wird so genannt.

Der gesuchte zweigliedrige Begriff besteht aus einem zweisilbigen und einem einsilbigen Hauptwort. (Das ist spaßig gemeint!)

Das Kopfwort ist ein Nutztier, das in der Weihnachtsgeschichte vorkommt.

Das einsilbige Endwort ist ein von einer Schale umschlossenes Nahrungsmittel.

Wir verdanken es dem Huhn.

Eselei

Wie lautet der zusammengesetzte Begriff?

Mein großer Bruder ist der Gaul.
Ich bin kleiner, aber nicht … (faul).
Stur kann ich sein, das ist wahr,
und störrisch, das ist sonnen … (klar).
Wenn es mir zu wohl wird,
geh ich aufs … Eis.
Alles hat seinen … Preis.
Esel

Mit nur zwei Lauten komm ich daher.
Meinen Artgenossen gleiche ich … (sehr)
Kaum ein Wort ist kürzer als ich.
Ich fehl auf keinem Frühstücks … tisch
Gekocht oder auch in der Pfanne gebraten.
Ihr habt mich doch schon lange er … raten.
Ei

Spricht man unsere Verbindung richtig aus, so sind wir eine dumme, törichte Handlung.
Eselei

Gesucht wird eine Gedächtnisstütze.
Der gesuchte Begriff besteht aus zwei zweisilbigen Hauptwörtern.
Das Kopfwort ist ein Nutztier.
Das Endwort bezeichnet ein Verbindungsstück, das über ein Hindernis führt.
Man kann es sehen, anfassen, je nach Ausführung gar hören.
Selbst das Nutztier kann darauf einen Fluss überqueren.
Eselsbrücke

Wir suchen ein Wort, das englisch klingt, ohne es zu sein.
Im Englischen bezeichnet es nämlich nur eine immergrune Pflanze.
Im Deutschen hingegen ist es ein Lied ohne Verfallsdatum.
Dieses Lied kann, muss aber nicht ein Ohrwurm sein.

Der gesuchte Begriff ist ein sogenannter Scheinanglizismus wie etwa auch die Wörter Handy oder Showmaster. Im Englischen gibt es ihn also nicht.

Evergreen

Wir suchen eine Baumart, die in tropischem Klima zu Hause ist.

Der Name dieses Baumes ist auch der Name seiner Frucht.

Diese Frucht essen viele Menschen gerne getrocknet.

Eigentlich suchen wir das Blatt dieses Baumes.

Adam und Eva haben sich, so die biblische Überlieferung, Lendenschürze aus diesen Blättern geflochten.

Im übertragenen Sinne suchen wir etwas, das als Tarnung oder schamhafte Verhüllung dient.

Für so manchen Fußballer ist die in die Öffentlichkeit getragene Beziehung zu einer Freundin nichts anderes als ein …

Feigenblatt seiner Homosexualität.

Gesucht wird eine zwischenmenschliche Fähigkeit.

Der dreigliedrige Begriff besteht aus drei zweisilbigen Hauptwörtern.

Das männliche Kopfwort nennt Glieder der Hand.

Das weibliche Mittelwort signalisiert, dass jemand oder etwas den höchsten Rang einnimmt.

Das sächliche Endwort ist das Gegenteil von Verstand, ist eine Empfindung.

Der gesuchte Begriff bezeichnet die Einfühlungsgabe im Umgang mit Menschen und Dingen.

Für diese Aufgabe fehlt es ihm an

Fingerspitzengefühl.

Das nachtaktive Raubtier gehört zur Familie der Marder.

Der gesuchte zweigliedrige Begriff besteht aus einem Eigenschafts- und einem Hauptwort.

Das einsilbige Kopfwort meint das Gegenteil von: wohl erzogen, höflich.

Das einsilbige Endwort ist das marderartige Raubtier.

Eigentlich suchen wir ein liebenswertes Kind, einen Lausbub.

Frechdachs

Wir suchen den Begriff für eine Verkaufsveranstaltung.

Der zweigliedrige Begriff besteht aus zwei einsilbigen Hauptwörtern.

Das Kopfwort nennt ein sehr kleines, flügelloses, blutsaugendes Insekt.

Das Endwort nennt einen zentralen Platz, wo Waren angeboten und gekauft werden.

Flohmarkt

Wir suchen eine dekorative Figur.

Auch ein Schimpfwort für eine männliche Person heißt so.

Der zweigliedrige Begriff besteht aus zwei Hauptwörtern.

Das zweisilbige Kopfwort bedeutet eigentlich 'das Umzäunte´.

Das einsilbige Endwort nennt einen sehr kleinen Menschen.

Gartenzwerg

Welcher Begriff fällt aus dem Rahmen?

Pflanze, Zwerg, *Riese*, Laube (Garten …)

Wir suchen eine Einzelsportart.

Die gesuchte Sportart wird im Freien betrieben.

Männer und Frauen betreiben diesen Sport, doch die meisten Profis sind Männer.

So sie erfolgreich sind, können sie sehr viel Geld mit ihrem Sport verdienen.

Eine Kugel und Schläger werden benötigt.

Das gesuchte Wort ist mehrdeutig.

Es bezeichnet auch einen Meerbusen (Einschnitt des Meeres ins Festland). Deutschlands meistverkauftes Auto heißt ebenso.

Golf

Wir suchen ein Kleidungsstück, das man schon sehr lange trägt.

Meistens tragen es Männer, aber auch Kinder; seit einigen Jahren auch jüngere Frauen als Mode-Schnickschnack, besonders beim Karneval.

Eigentlich soll es laut Kleiderordnung aber nicht sichtbar sein.

Das Kleidungsteil besteht aus zwei Bändern, die mit Metallklemmen oder Knöpfen am Hosenbund befestigt und über die Schulter gelegt werden.

Es hat die gleiche Funktion wie ein Gürtel.
Hosenträger

Wir suchen den zweigliedrigen Namen einer Unterkunft.
Nicht für Menschen, sondern für bestimmte Hoftiere.
Die Unterkunft ist zumeist eher klein.
Ihre Bewohner bereichern tagtäglich unseren Speiseplan mit ihren Erzeugnissen. Aber auch sie selbst landen irgendwann in der Pfanne.
Hühnerhaus

Wir suchen ein kleines Lokal.
Die meisten haben es schon einmal aufgesucht.
Dieses kleine Lokal gibt es in jeder Stadt, zumeist mehrfach.
Das Wort für diese Örtlichkeit bildet das zweisilbige Endwort.
Das zweisilbige Kopfwort bezeichnet eine kleine, schnelle Mahlzeit.
Imbissbude (-stube)

Wir suchen die Sprache einer bestimmten Berufsgruppe.
Diese Gruppensprache ist für Laien oft unverständlich.
Was mit ihr gesagt wird, erweist sich bei näherer Betrachtung als unglaubwürdig.
Der Beruf wird auf freiem Feld ausgeübt.
Die gesuchte Sprache ist für Laien so unverständlich wie Latein.
Jägerlatein

Gesucht wird ein zerbrechliches Bauwerk.
Mit dem zweisilbigen Kopfwort spielt man.
Das einsilbige Endwort ist ein Wohngebäude.
Wir suchen auch eine unsichere Sache oder Angelegenheit.
Die kann sich in ein Nichts auflösen.
Sie fällt dann zusammen wie ein
Kartenhaus.

Wir suchen eine Kirmesattraktion.
Das zweigliedrige Wort besteht aus einem zweisilbigen Kopf- und einem dreisilbigen Endwort, die beide Hauptwörter sind.

Das Endwort bezeichnet ein Drehgestell mit kleinen Pferden, Fahrzeugen o. Ä.

Das Kopfwort nennt ganz junge Menschen.

Kinderkarussell

Gesucht wird die bildliche Bezeichnung für einen Teil des Gesichts.

Der zweigliedrige Begriff besteht aus zwei Hauptwörtern, deren Anfangsbuchstaben im Alphabet aufeinander folgen.

Das einsilbige Kopfwort nennt den halbrunden, nach vorn gewölbten Teil unterhalb des Mundes.

Das zweisilbige Endwort bedeutet so viel wie Behältnis, Truhe.

Wir suchen ein bildliches Wort für Unterkiefer.

Kinnlade

Gesucht wird ein Wasserfahrzeug, das niemals ins Wasser kommt.

Es ist ein unbeweglicher Gebäudeteil.

Das zweisilbige Kopfwort nennt das öffentliche Gebäude.

Das einsilbige Endwort nennt das Wasserfahrzeug.

Kirchenschiff

Wir suchen ein zweigliedriges Wort mit mehreren Bedeutungen.

Wir suchen eine Affenart mit langen Greifschwänzen und langen Gliedmaßen, die auf Bäumen lebt.

Jemand, der über die Maßen anhänglich ist, wird abschätzig so genannt.

Der Tacker, ein Büroartikel, kann auch gemeint sein.

Ebenso ein Sonderzeichen in der E-Mail-Adresse.

Das Kopfwort nennt das Holz- oder Plastikteil, mit dem man zwei Sachen zusammenhält oder etwas an etwas befestigt, z.B. die Wäsche auf der Wäscheleine.

Das Endwort ist das menschenähnliche Tier.

Klammeraffe

Der Begriff aus dem Tierreich hat mehrere Bedeutungen.

Er ist zweigliedrig und besteht aus zwei zweisilbigen Hauptwörtern in der Mehrzahl.

Das Kopfwort ist ein dem Raben verwandter Vogel.

Dem Endwort ziehen wir Schuhe an.

Der Begriff nennt Hautfalten, die von den Augenwinkeln strahlenförmig seitwärts verlaufen.

Gemeint ist auch eine unleserliche, krakelige Handschrift.

Spitze Eisenstücke, die Reifen beschädigen, bezeichnet man ebenfalls als ...

Krähenfüße.

Es trägt seinen Aufenthaltsort bereits im Namen.

Dort ist es ein vielfältig gebrauchtes, handliches Arbeitsgerät.

Das besteht aus zwei Teilen.

Eines ist aus Holz oder Plastik, das andere aus Metall.

Möhren, Gurken, Tomaten, Zwiebeln, Käse, was auch immer werden mit ihm geschnitten.

Küchenmesser

Wer verreist, hat ihn in seinem Koffer.

Der gesuchte zweigliedrige Begriff besteht aus einem weiblichen und einem männlichen Hauptwort, das jeweils zweisilbig ist.

Das Kopfwort umfasst alle künstlerischen Werke, die eine Gemeinschaft in einer Epoche geschaffen hat.

Das Endwort ist eine kleine Tasche mit mehreren Fächern.

Darin bewahrt man Toilettensachen für einen Urlaub auf.

Kulturbeutel

Der zweigliedrige Begriff bezeichnet scherzhaft eine Person des anderen Geschlechts.

Diese Person begleitet jemanden freundschaftlich für eine begrenzte Zeit.

Das einsilbige Kopfwort bezeichnet einen ärztlich betreuten Heilurlaub in einer Spezialklinik, z.B. in Bad Ems.

Das zweisilbige Endwort nennt die dunkle Fläche, die mein Körper auf der lichtabgewandten Seite auf den Weg wirft, während ich gehe.

Sie ging mit ihrem **Kurschatten** tanzen.

Wir suchen jemanden, der Bücher liebt.

Dieser Jemand ist zumeist weiblich.

Auch das gesuchte Doppelwort ist weiblich.

Das zweisilbige Endwort ist ein Nagetier.

Das zweisilbige Kopfwort bezeichnet die Tätigkeit des Bücherliebhabers.

Leseratte

Schätzungsweise hat jeder Fünfte diese Eigenart.

Bis vor etwa 45 Jahren glaubte man diese körperliche Auffälligkeit korrigieren zu müssen.

Eltern und Schule sollten dafür sorgen.

In bestimmten Sportarten haben Menschen mit dieser Eigenart Vorteile.

Diese Eigenart hat mit der sogenannten „Händigkeit" zu tun.

Linkshänder

Was so gesagt wird, wird nie Wirklichkeit.

Der gesuchte zweigliedrige Begriff besteht aus einem zweisilbigen und einem dreisilbigen Hauptwort.

Das Kopfwort bezeichnet den fleischigen oberen und unteren Rand des Mundes.

Das Endwort meint, dass jemand für etwas eintritt.

Das äußert er mit Worten, denen aber keine Tat folgt.

Lippenbekenntnis

Wir suchen ein Heilkraut.

Dieses Heilkraut wird zu Unrecht als Unkraut missachtet.

Seine Blätter, aber auch seine (getrockneten) Wurzeln werden für Tees und Heilsäfte verwendet.

Kaninchen und andere Tiere fressen das Unkraut sehr gerne.

Der Volksmund nennt die reife Pflanze „Pusteblume".

Die Reißzähne einer afrikanischen Raubkatze heißen ebenso.

Löwenzahn

Gesucht wird ein Mensch, der als ungeschickt und unbeholfen wahrgenommen wird. Man denke z.B. an Karl Valentin.

Man nennt ihn scherzhaft auch „Bohnenstange".

Es ist ein hochaufgeschossener, dünner, schmaler, und schlaksiger [junger] Mann.

Lulatsch.

Wir suchen eine männliche Person, die mit Waren handelt.

Gesucht wird ein zweigliedriger Begriff.

Das Kopfwort ist ein einsilbiges Hauptwort, das Endwort ist zweisilbig.

Das Endwort ist ein von einem Tätigkeitswort abgeleitetes Hauptwort.

Das Endwort nennt die Person, das Kopfwort den Ort, wo die Person tätig ist.

Die Art und Weise, wie die Person ihren Beruf ausübt, wird mit dem gesuchten Begriff etwas abgewertet.

Der Händler preist seine Ware nämlich in aufdringlicher Weise lautstark an.

Marktschreier

Sie ist im Spätjahr Bestandteil des deutschen Speiseplans.

Der Vogel kann nicht fliegen.

Er wird im einsilbigen Endwort genannt.

Das zweisilbige Kopfwort nennt einen selbstlosen Schutzheiligen beim Namen.

Man gedenkt seiner am elften November.

Martinsgans

Wir suchen ein Ereignis, das vor allem während der Karnevalszeit stattfindet.

Der zweigliedrige Begriff besteht aus einem zweisilbigen und einem einsilbigen Hauptwort.

Das Kopfwort ist eine vor dem Gesicht getragene steife Verkleidung aus Pappe.

Das mehrdeutige Endwort bezeichnet u.a. eine Tanzveranstaltung.

Der gesuchte Begriff ist eine Veranstaltung, deren Teilnehmer maskiert sind.

Maskenball

Wir suchen eine kleine Erderhebung.

Die hat ein Tier aufgeworfen.

Der Name des Tieres bildet Kopf- und Mittelwort des gesuchten dreigliedrigen Begriffs.

Das Tier steht unter Naturschutz.

Es kann keine zwei Tage ohne Fressen überleben.

Das putzige Pelztier lebt zumeist unterirdisch und gräbt sich dort Gänge. Gartenbesitzer sind oft nicht gerade erfreut über sein nächtliches „Werk".

Bis zu zwanzig solcher Werke kann das Tier täglich aufhäufen.

Dieses Werk bildet das Endwort des gesuchten Begriffs.

Maulwurfhügel

Wir suchen einen Musiker.

Dessen Instrument erproben wohl die meisten Kinder irgendwann einmal.

Das Kopfwort verweist darauf, dass man mit den Lippen die Töne anbläst.

Der dreigliedrige Begriff nennt in der Kombination von Kopf- und Mittelwort das Instrument.

Das Endwort ist der „Spieler".

Mundharmonikaspieler

Wir suchen eine besondere Katzenart.

Der zweigliedrige Begriff besteht aus zwei zweisilbigen Hauptwörtern.

Das Kopfwort aus dem Lateinischen heißt eigentlich „Mäuschen".

Man sagt, der Sportler hat kräftige … „Muskeln".

Das Endwort ist eine männliche Katze.

Den nach körperlicher Anstrengung in den Beinen auftretenden Schmerz nennt man

Muskelkater.

Der gesuchte zweigliedrige männliche Begriff ist mehrdeutig.

Ursprünglich war damit ein Kothaufen gemeint.

Das einsilbige Kopfwort ist der Zeitraum zwischen Sonnenuntergang und -aufgang.

Das zweisilbige Endwort ist ein Beruf.

Den verrichtet ein Mann in einer Stadt, einem Museum oder einer Fabrik, zumeist alleine.

Im Gegensatz zu den Anforderungen dieses nächtlichen Dienstes bezeichnet der gesuchte Begriff in einer dritten Bedeutung eine träge und unaufmerksame Person.

Nachtwächter

Der zweigliedrige männliche Begriff hat zwei Bedeutungen.

Zum einen suchen wir einen Schmetterling.

Zum andern suchen wir die scherzhafte Bezeichnung für eine Person.

Das einsilbige Kopfwort ist der Zeitraum zwischen Sonnenuntergang und -aufgang.

Das zweisilbige Endwort ist ein Träumer, jemand der unrealistisch ist.

Die gesuchte Person vergnügt sich gern bis spät in die Nacht hinein.

Nachtschwärmer

Welcher Begriff fällt aus der Reihe?

Sonne, Mond, Wucher, Schleuder (… preis)

Finsternis, Gesicht, *Kuh*, Kalb (Mond …)

Gesucht wird der zweigliedrige Begriff für einen Freiraum, den man bestimmten Personen gewährt.

Das zweisilbige Kopfwort nennt törichte Menschen.

Das zweisilbige Endwort meint das Gegenteil von Gefangenschaft.

Jemand genießt sie, weil man ihn nicht ganz ernst nimmt oder ihm eine gewisse Sonderstellung einräumt.

Narrenfreiheit

Was wir suchen, gehört zum Gesicht.

Der zweigliedrige Begriff besteht aus zwei zweisilbigen Hauptwörtern.

Das Kopfwort ist das menschliche Geruchsorgan in der Mehrzahl.

Das Endwort ist mehrdeutig.

Unter anderem ist es das Körperteil, mit dessen Hilfe Vögel fliegen.

Die fleischige Außenwand der Nase nennt man

Nasenflügel.

Der gesuchte Begriff wird oft benutzt, wenn es um die Wirkung von Krimis auf Zuschauer geht.

Der Begriff ist aus zwei zweigliedrigen Hauptwörtern gebildet.

Das Kopfwort bezeichnet Körperfasern, deren Aufgabe es ist, Reize zwischen Gehirn und Organen zu steuern.

Das Endwort bezeichnet das Verlangen, etwas Gefährliches oder Verbotenes zu tun.

Der gesuchte Begriff bezeichnet die Gefühlserregung bei der Wahrnehmung gefährlicher, spannender Situationen.

Nervenkitzel

Der Begriff ist aus zwei zweigliedrigen Hauptwörtern gebildet.

Das Kopfwort bezeichnet Körperfasern, deren Aufgabe es ist, Reize zwischen Gehirn und Organen zu steuern.

Das Endwort steht für eine Kleidung, Verkleidung oder Tracht.

Der Begriff ist eine scherzhafte Bezeichnung für die Art und Weise, wie jemand mit gefährlichen, schockierenden oder belastenden Ereignissen umgeht.

Jemand hat ein dünnes, schwaches oder starkes

Nervenkostüm.

Es geht um ein jüngeres Familienmitglied.

Dieses Familienmitglied wird mit einem etwas verhätschelnden Begriff bedacht.

Dieser zweigliedrige Begriff besteht aus einem einsilbigen und dann einem zweisilbigen Hauptwort.

Das Kopfwort bezeichnet die Wohn- und Brutstätte von Vögeln.

Das Endwort nennt ein Metall- oder Kunststoff-Teil, an dem man etwas aufhängt.

Das jüngste Kind in einer Familie nennt man das

Nesthäkchen.

Die Wahrheit kann zum Problem werden.

Der gesuchte zweigliedrige Begriff ist eine Art und Weise, damit umzugehen.

Das einsilbige Kopfwort nennt einen Beweggrund, so vorzugehen.

Das zweisilbige Endwort ist der Gegenbegriff zur Wahrheit.

Beispiel: Ein Arzt sagt einem schwerkranken Patienten nicht die ganze Wahrheit, wenn der damit wahrscheinlich überfordert wäre.

Notlüge

Der gesuchte Begriff besteht aus zwei Wörtern, die beide einsilbig sind.

Der gesuchte Begriff hat mehrere Bedeutungen.

Einen Schmeichler und Kriecher hat man früher so genannt.

Wir suchen eine leicht eingängige Melodie, die eine Zeitlang sehr oft zu hören ist, etwa im Radio. Später hört man das Lied immer mal wieder.

Wir suchen auch ein kleines braunes Insekt, das in Ritzen und Spalten lebt.

Sein Name verdankt sich der volkstümlichen Vorstellung, dass der Namensträger gern in Ohren kriecht.

Der gesuchte Begriff nennt im Kopfwort unser Hörorgan.

Das Endwort ist der Name eines wirbellosen Tieres, das sich zumeist unter der Erdoberfläche bewegt.

Ohrwurm

Gesucht wird ein Exkrement, eine Darmausscheidung.

Der zweigliedrige Begriff besteht aus zwei Hauptwörtern, jeweils in der Mehrzahl.

Das Kopfwort nennt ein Nutztier in der Mehrzahl.

Glaubt man dem Endwort, so suchen wir ein schmackhaftes Kernobst.

Das Gegenteil ist aber der Fall.

Wir suchen rundliche Stücke des Kots von Pferden.

Pferdeäpfel

Gesucht wird der Name für eine häufige Verletzung in Kontaktsport-arten wie Fußball.

Der zweigliedrige Begriff erscheint in sich widersprüchlich.

Das Kopfwort nennt ein Reit- und Zugtier in der Mehrzahl.

Das Endwort nennt die Berührung der Lippen zweier Menschen.

Die von Hufen austretender Pferde ausgelöste Prellung war namensgebend.

Die umgangssprachliche Bezeichnung einer schmerzhaften Oberschenkelprellung lautet
Pferdekuss.

Wir suchen einen besonderen Baum.
Das Wort „Baum" ist das Endwort des gesuchten zweigliedrigen Begriffs.
Das zweisilbige Kopfwort bezeichnet ein kleines, niedliches Kind.
Es ist abgeleitet von einem Tuwort mit dem Inhalt: „(sich überschlagend) hinfallen".
Das gesuchte Wort ist eine Turnübung, die wohl jeder als Kind zumindest mal versucht hat.
Purzelbaum

Damit wird jemand in der Öffentlichkeit erledigt.
Das einsilbige mehrdeutige Kopfwort ist u.a. eine laute kurze Äußerung.
Das einsilbige Endwort ist ein Tötungsdelikt.
Der gesuchte Begriff meint die böswillige Schädigung des Ansehens einer Person, etwa durch Verleumdungen.
Rufmord

Wir suchen eine Fabelfigur aus Geschichten für Kleinkinder.
Der zweigliedrige Begriff besteht aus einem einsilbigen Kopf- und einem zweisilbigen Endwort.
Das Kopfwort bezeichnet eine feinkörnige, lockere Substanz, die aus verwittertem Gestein besteht.
Am Strand spielen Kinder gerne damit.
Das Endwort ist die Verkleinerungsform einer männlichen Person.
Die gesuchte Fabelfigur streut den Kindern Sand in die Augen, damit sie einschlafen.
Sandmännchen

Das zweigliedrige Wort bezeichnet eine Kopfbedeckung.
Das Endwort verweist auf die Form der Kopfbedeckung.
Das Kopfwort sagt genauer, wie diese Form aussieht.
Sie hat nämlich einen Sonnenblendschutz wie eine Schaufel.

Heute heißt die gesuchte Kopfbedeckung, angelehnt an eine typisch amerikanische Sportart, „Baseballmütze".
Schirmmütze

Gesucht wird ein mehrdeutiger Begriff, der aus einem einsilbigen und einem zweisilbigen Hauptwort besteht.
Das männliche Kopfwort bezeichnet einen (zumeist) nächtlichen Erholungszustand.
Das weibliche Endwort nennt eine Kopfbedeckung.
Der gesuchte Begriff bezeichnet eine in früherer Zeit im Bett getragene Kopfbedeckung.
Gemeint ist aber auch jemand, der viel und lange schläft: „Jetzt steht endlich auf,
ihr -n!"
Abwertend bezeichnet der Begriff jemanden, der unaufmerksam, langsam, träge ist.
Die **Schlafmütze** hat erneut nichts davon mitgekriegt.

Wir suchen eine männliche Person, die etwas kostengünstig erwerben möchte.
Der gesuchte Begriff besteht aus zwei zweisilbigen Wörtern.
Das Kopfwort bezeichnet einen vorteilhaften Kauf.
Das Endwort nennt den Käufer.
Die gesuchte Person steht vor der Öffnung eines Discounters wie Aldi oder Lidl bereits an, um ja nicht den preisgünstigen Kauf zu verpassen.
Schnäppchenjäger

Wir suchen ein Kinderspiel, das einem Pferdesport ähnlich ist.
Der gesuchte Begriff besteht aus einem zweisilbigen Kopfwort und einem einsilbigen Endwort.
Das Kopfwort ist als dünne Scheibe Kalbs- oder Schweinefleisch bekannt, die, oft paniert, gebraten wird.
Eine andere Bedeutung des Kopfworts ist ein abgerissenes Stückchen, z.B. von einem Papier.
Das Endwort bezeichnet das Aufspüren, Verfolgen und Erlegen oder Fangen von Wild.

Das gesuchte Kinderspiel findet im Freien statt, wo ein Mitspieler mit Hilfe einer von ihm ausgelegten Spur aus Papierschnitzeln gefunden werden muss.

Schnitzeljagd

Es handelt sich um eine eher unsympathische Person.
Der gesuchte dreisilbige Begriff ist männlich.
In der Natur gehören viele Pilze dazu.
Die nennt man Parasiten.
Ein Bandwurm im Darm ist ein weiteres Beispiel.
Wir suchen jemand, der faul ist und auf Kosten anderer lebt.

Schmarotzer

Wir suchen ein Schimpfwort, das einen Vorwurf beinhaltet.
Die Mutter maßregelt so ihren Sohn.
Der zweigliedrige Begriff besteht aus zwei einsilbigen Hauptwörtern.
Das Kopfwort meint so viel wie Dreck, Unrat.
Das Endwort ist ein Singvogel.
Die Mutter schimpft ihren Sohn einen

Schmutzfink.

Manchmal hat man nicht gerade vom Verstand gesegnete Gedanken.
Der zweigliedrige Begriff, den wir suchen, meint genau diesen Sachverhalt.
Das einsilbige Kopfwort ist ein hochprozentiger Branntwein.
Das zweisilbige Endwort bezeichnet einen Einfall, eine Vorstellung.
Der gesuchte Begriff meint einen verrückten Einfall.

Schnapsidee

Gesucht wird ein mehrdeutiger zweigliedriger Begriff.
Das Kopfwort nennt einen Schwimmvogel.
Das Endwort nennt seinen auffallend langen Körperteil.
Mit dem gesuchten Begriff bezeichnet man auch bei anderen Tieren und selbst bei einer Frau diesen Körperteil, wenn er auffallend lang ist.

Im übertragenen Sinne nennt man den Rahmen eines Damenfahrrads seiner Form wegen ebenfalls
Schwanenhals.

Wir suchen einen zweigliedrigen Begriff, der mehrdeutig ist.
Das Kopfwort ist ein einsilbiges Eigenschaftswort.
Das Endwort ist ein zweisilbiges Hauptwort.
Das Kopfwort bezeichnet eine Farbe, das Endwort ein mantelartiges Kleidungsstück, das zum Schutz bei der Arbeit getragen wird.
Den Begriff gibt es in der Jäger- und in der Fußballer-Sprache.
Katholische Geistliche werden abwertend so genannt.
Jäger benennen ein Wildschwein mit dem Namen.
Im Fußball wird der Schiedsrichter wegen seiner schwarzen Kleidung so genannt.
Schwarzkittel

Wir suchen ein zweigliedriges Schimpfwort für einen Mann, den man verachtet.
Die Kombination von Kopf- und Endwort ist widersinnig und witzig.
Das zweisilbige Kopfwort nennt Nutztiere.
Das zweisilbige Endwort ist der katholische Geistliche.
Schweinepriester

Das gesuchte zweigliedrige Wort bezeichnet eine von den meisten Menschen gern gegessene Frucht.
Sie schmeckt süßsauer.
Sie wird auch auf Obstkuchen verarbeitet.
Das Kopfwort erweckt nicht den Eindruck, man könne die Frucht essen.
Es handelt sich um eine Beerensorte.
Stachelbeeren

Gesucht wird eine regionale Speise.
Das einsilbige Kopfwort nennt ein Nutztier.
Das zweisilbige Endwort ein nicht sichtbares Körperteil dieses Nutztiers.
Wir suchen eine Lieblingsspeise des ehemaligen Bundeskanzlers Helmut Kohl.

Sie ist eine pfälzische Spezialität.
Saumagen

Der gesuchte zweigliedrige Begriff bedeutet so viel wie Nachteil.
Das zweisilbige Kopfwort bezeichnet die dem Licht abgewandte Seite eines Körpers.
Das zweisilbige Endwort bezeichnet den linken oder rechten Teil eines flächigen Gegenstandes.
Gesucht wird die Kehrseite einer an sich positiven Sache.
Schattenseite

Frauen tragen ihn nicht.
Viele erwachsene Männer tragen ihn gerne, auch heute wieder.
Einen bekannten Fernsehkoch schmückt ein besonders ausgeprägtes Exemplar, ebenso den Sänger der bekannten Kölner Kultband „Die Höhner".
Bismarck kann man sich gar nicht ohne ihn vorstellen.
Dem Komiker Charly Chaplin reichte bereits dieses Erkennungsmerkmal, um eine politische Unperson zu verhohnepiepeln.
Schnurrbart

Sie bewegt sich in der Luft.
Ihre Lebensdauer ist begrenzt.
Mit dem zweisilbigen Kopfwort waschen wir uns.
Das zweisilbige Endwort kann platzen.
Wir suchen auch ein Wunschgebilde.
Gerüchte zerplatzen wie eine
Seifenblase.

Wir suchen den dreigliedrigen Begriff eines Naturereignisses.
Das zweisilbige Kopfwort ist das Energiezentrum einer Galaxie.
Das zweisilbige Mittelwort ist der Gegensatz zu „oben".
Das einsilbige Endwort nennt eine aufrechte Bewegung.
Sonnenuntergang

Er ist immer gut drauf und hat lustige Einfälle, mit denen er andere erheitert.

Er kann scheinbar fliegen.

Das einsilbige Kopfwort hat eine ähnliche Bedeutung wie Freude.

Das zweisilbige Endwort ist ein gefiedertes, fliegendes Tier.

Spaßvogel

Gesucht wird ein Hilfsmittel beim Anziehen.

Dessen zweigliedrige Bezeichnung besteht aus einem zweisilbigen Kopfwort und einem einsilbigen Endwort.

Das Kopfwort nennt ein langschäftiges Schuhwerk, das oft bis zu den Knien reicht.

Das einsilbige Endwort ist eine männliche Person, die in früheren Zeiten auf dem Hof dem Bauern diente.

Der Erfinder der gesuchten Hilfsgegenstands hieß ebenso.

Der Gegenstand besteht aus einem schräg aufgestellten Holzbrett mit einem u-förmigen Einschnitt.

Stiefelknecht

Wir suchen eine männliche Person, die sich nicht mit den Gegebenheiten abfinden will.

Der gesuchte Begriff besteht aus zwei Wörtern, einem Tätigkeitswort als Kopfwort und einem Hauptwort als Endwort.

Das Tätigkeitswort ist zweisilbig, das Hauptwort einsilbig.

Das Tätigkeitswort steht inhaltlich in krassem Gegensatz zu dem Hauptwort.

Wir suchen jemand, der die Eintracht, Ruhe und Ordnung stört.

Er stellt damit eine demokratische Tugend unter Beweis,

der **Störenfried**.

Eine Person leistet verdeckt Hilfsdienste für jemand, der unerkannt bleiben will.

Der zweigliedrige Begriff besteht aus zwei einsilbigen Hauptwörtern.

Das Kopfwort ist das, was der Bauer drischt.

Das Endwort ist ein männlicher Mensch.

Strohmann

Gesucht wird das Scherzwort für einen Ehemann.

Der zweigliedrige Begriff besteht aus einem einsilbigen Kopf- und einem zweisilbigen Hauptwort als Endwort.

Auf dem Kopfwort schlafen Nutztiere im Stall.

Das Endwort bezeichnet einen Mann, dessen Frau verstorben ist.

Deshalb ist der gesuchte Begriff eigentlich irreführend.

Denn die Frau ist nur vorübergehend außer Haus, z.B. mit einer Freundin in Urlaub.

Strohwitwer

Gesucht wird eine scherzhafte Bezeichnung für ein Fernsehereignis.

Das zweisilbige Kopfwort nennt befestigte Verkehrswege für Fahrzeuge.

Das zweisilbige Endwort ist eine temperamentvolle junge Frau.

Es ist aber auch ein Kehrbesen.

Gesucht wird jemand, der beruflich Plätze einer Stadt sauber hält.

Straßenfeger

Gesucht wird der zweigliedrige Begriff für einen typischen Allerweltskuchen.

Das Endwort ist „-kuchen“.

Das Kopfwort des Begriffs nennt dessen süßen Belag.

Der besteht aus kleinen Bröckchen aus Butter, Zimt und ein wenig Mehl.

Der gesuchte Hefekuchen wird üblicherweise beim Leichenschmaus angeboten.

Streuselkuchen

Wir suchen ein Haustier.

Der gesuchte männliche Begriff besteht aus zwei zweisilbigen Hauptwörtern.

Das Kopfwort ist ein veralteter Begriff für Wohnräume.

Das Endwort nennt eine Großkatze, die keine natürlichen Feinde hat.

Scherzhaft nennt man eine Katze auch

Stubentiger.

Gesucht wird jemand, der ein Opfer ist.

Der zweigliedrige Begriff besteht aus einem zweisilbigen Kopf- und einem einsilbigen Endwort.

Letzteres ist ein männliches Nutztier.

Das Kopfwort bezeichnet menschliche Verfehlungen.

Wir suchen einen sozialen Vorgang, für den sich Minderheiten anbieten.

Diese können nichts für das, was man ihnen vorwirft.

Man schiebt ihnen die Schuld an einer Verfehlung o.ä. zu.

Sündenbock(mechanismus)

Es geht um eine Veränderung.

Der gesuchte Begriff hat zwei Bedeutungen und besteht aus zwei Wörtern.

Das Kopfwort ist dreisilbig, das Endwort zweisilbig.

Ein handwerklicher Vorgang ist gemeint.

Der bewerkstelligt den Austausch der Wandverkleidung eines Raumes.

Im übertragenen Sinn geht es um einen - zumeist vorübergehenden - Ortswechsel, etwa durch einen Urlaub.

Tapetenwechsel

Gesucht wird ein Hilfsmittel für Personen, die sich unter Wasser bewegen.

Der zweigliedrige Begriff besteht aus einem zweisilbigen Kopfwort und einem zweisilbigen Endwort.

Die von dem Kopfwort bezeichnete Person bewegt sich unter Wasser.

Das Endwort bezeichnet eine Sehhilfe, die schützend eng am Gesicht anliegt.

Diese Schutzbrille nennt man **Taucherbrille**.

Gesucht wird eine Sportart, die Mädchen und Jungen, Frauen und Männer ausüben. Es handelt sich um eine Einzelsportart, die aber auch im Doppel gespielt wird.

Wir suchen eine Ballsportart.

Diese wird in einer Sporthalle gespielt.

Der Ball wird mit einem Schläger gespielt.

In Deutschland ist der gesuchte Sport nach Fußball der am häufigsten ausgeübte Sport. Weltweit beherrschen Chinesen diesen Sport.
Tischtennis

Gesucht wird das Schimpfwort für einen ungeschickten Menschen.
Den Begriff gibt es nur in der männlichen Form.
Kopf- und Endwort sind einsilbig.
Das Kopfwort ist ein Eigenschaftswort, das es so nur in dem gesuchten Begriff gibt.
Das Endwort ist ein lautmalendes Wort, das man hört, wenn etwas klatschend auf eine Wasseroberfläche aufschlägt oder wenn man die Hände zusammenschlägt.
Er findet jeden Fettnapf. Er tritt in jede Regenpfütze, der
Tolpatsch.

Der Gesuchte lebt nicht in der Wirklichkeit.
Der zweigliedrige Begriff besteht aus einem einsilbigen Kopf- und einem zweisilbigen Endwort.
Dieses nennt jemanden, der sich nach einer vorgegebenen Schrittfolge bewegt.
Das Kopfwort ist ein Schlafereignis.
Wir suchen jemanden, der unerreichbaren Idealen nachhängt.
Traumtänzer

Wir suchen ein besonderes Fahrzeug.
Mit diesem Fahrzeug bewegt man sich auf dem Wasser.
Zwei Personen sitzen in der Regel in diesem Fahrzeug.
Das Fahrzeug hat keinen Motor.
Die Fahrer müssen es mit eigener Kraft bewegen.
Wer ein guter Radler ist, der ist für diese Anstrengung bestens gerüstet.
Wir suchen eine spezielle Art von Booten.
Tretboot

Wir suchen eine egoistische Person.
Der gesuchte männliche Begriff besteht aus drei Hauptwörtern.
Das einsilbige Kopfwort meint gleichmäßiges Gehen.

Das einsilbige Mittelwort bezeichnet ein flaches Holzstück, das aus einem Baumstamm herausgeschnitten ist.

Kopf- und Mittelwort zusammen bezeichnen eine Stufe vor der Tür eines Zuges. Diese Stufe erleichtert das Ein- und Aussteigen.

Das zweisilbige Endwort nennt die Person, die ein Verkehrsmittel steuert.

Wir suchen jemanden, der aus den Anstrengungen anderer Vorteile zieht, ohne selbst etwas dafür zu tun.

Die Gewerkschaft hat beispielsweise Tariferhöhungen erstreikt, von denen auch Streikbrecher profitieren.

Trittbrettfahrer

Wir suchen einen aus Metall gefertigten Gegenstand.

Dieser Gegenstand hat eine Schutzaufgabe.

Er wird meistens mit einem Schlüssel bedient.

Es gibt diesen Metallgegenstand in recht unterschiedlichen Größen.

Recht klein fällt er aus, wenn man mit ihm einen Koffer verschließt.

Vorhängeschloss (lat. claustrum = Schloss, Versteck, Kloster(hof))

Einen Bruder Leichtfuß nennt man so, also jemand mit einem lockeren Lebenswandel.

Ein leichtes, flockiges Gebäck in Form zweier aufeinander gestülpter Schalen, die mit Schlagsahne gefüllt sind, hat ebenfalls den gesuchten Namen.

Das Kopfwort ist das gängige Wort für „Luftzug", „stärkere Luftbewegung".

Das Endwort ist eine säckchenartige Tasche.

Windbeutel

Wir suchen einen nicht sichtbaren menschlichen Körperteil.

Das zweisilbige Kopfwort des gesuchten Begriffs bezeichnet einen Teil des gesuchten Körperteils.

Das zweisilbige Endwort des gesuchten zweigliedrigen Wortes ist die senkrechte Stütze eines Bauwerks.

Im Schwäbischen nennt man so ein kleines Schwein.

Der gesuchte Körperteil wird durch heutige Berufe, die oft im Sitzen verrichtet werden, arg in Mitleidenschaft gezogen. Das ist schmerzvoll.
Wirbelsäule

Wir suchen den Begriff für eine Welt der Phantasie.
Der gesuchte Begriff besteht aus drei Wörtern.
Kopf- und Mittelwort sind zweisilbig, das Endwort ist einsilbig.
Das Kopfwort bezeichnet eine in der Luft schwebende Substanz (verdichtete Wassertröpfchen etwa).
Das Mittelwort nennt einen Waldvogel, der seine Eier zum Ausbrüten in Nester von Singvögeln legt.
Das Endwort ist ein Ort, wo man sich niederlässt, ein Zuhause.
Eine Stadt in den Wolken, die sich die Vögel als Zwischenreich gebaut haben, ist der ursprüngliche Inhalt des gesuchten Begriffs. (So: Aristophanes Komödie „Die Vögel")
Wolkenkuckucksheim

Gesucht wird ein Papierbehältnis.
Dieses wird in dem zweisilbigen Endwort genannt.
Der gesuchte Begriff meint etwas Überraschendes, Ungeahntes.
Das sind zum Beispiel zwischen Süßigkeiten versteckte kleine Spielsachen.
Das kann aber auch ein überraschendes Geschehen sein.
Das zweisilbige Kopfwort nennt ein staunenswertes Ereignis.
Wundertüte

Viele Schlager wünschen es herbei.
Den Menschen ist's nicht einerlei.
Vor allem Kinder glauben dran.
In Märchen geschieht es dann und wann,
das **Wunder**.

Hat man den Einkaufskorb einmal vergessen,
kauft man sie hinzu. Die Sachen zum Essen
packt man hinein, auch Kleinigkeiten wie Shampoo,
Seife, Körpercreme, Zahnbürste und Papier fürs Klo.
die **Tüte**

Die beiden Wörter zusammen bilden einen Begriff für etwas Überraschendes, eben die **Wundertüte**.

Gesucht wird der zweigliedrige Begriff für einen umstrittenen Gegenstand.
Das einsilbige Kopfwort bedeutet Streit.
Das zweisilbige Endwort ist ein gesundheitsförderliches Kernobst.
Der gesuchte Begriff beginnt mit dem letzten Buchstaben des Alphabets.
Das Geld war der ewige
Zankapfel.

Oft bin ich aus Metall gegossen.
Mit mir und meinen Artgenossen
grenzt man ein Grundstück ein.
So zeigt man andern: Das ist mein.
Um einen bunten Garten einzuhegen,
bestehe ich aus Holz, der Optik wegen.
Zaun

Eingeladen hat man mich
Erwartet habe ich das nicht.
Ich bin ein seltener,
deshalb bin ich ein
gerngesehener und
willkommener
Gast

Ich bin nicht eingeladen.
Ich schaue zu von fern,
das mach ich liebend gern,
ohne bezahlt zu haben.
Zaungast

Wir erraten aus der Mode gekommene Dinge und Sachverhalte beziehungsweise deren Bezeichnungen.

Seit dem 17. Jahrhundert fanden die gesuchten Dorfgebäude flächendeckende Verbreitung.
Wegen der Brandgefahr und des hohen Holzverbrauchs wurde die wichtige Aufgabe, die die Dorfgemeinschaft hier ableistete, Einzelhaushalten verboten.
Spezialisierte Handwerker bauten die Öfen in dem Gebäude, das wir suchen, und bildeten eigene Zünfte.
Hier backten die Bauern ihr Brot.
Das Gebäude war früher auch ein Treffpunkt im Dorf, um Gemeindeangelegenheiten zu besprechen.
Backhaus

Wir suchen eine abwertende Bezeichnung von Volksliedern.
Der gesuchte Begriff besteht aus zwei zweisilbigen Wörtern.
Das Kopfwort nennt schmale Straßen zwischen Häuserreihen links und rechts.
Das Endwort ist einerseits der Name für einen Bergmann, andererseits bezeichnet es den hervorstehenden Eckzahn des Keilers. („hauen" = nächtlings das Pflaster (be)treten)
Das gesuchte Lied wurde früher des Nachts von Straßenbummlern bei schnellem Gang über das Pflaster gesungen.
Heute wird das Wort alltagssprachlich selten benutzt. Hit oder Evergreen haben es ersetzt.
Gassenhauer

Gesucht wird eine volkstümliche Bezeichnung für Hunger.

Der Begriff besteht aus zwei einsilbigen männlichen Hauptwörtern.

Das Kopfwort ist eine Gemüsepflanze.

Das Endwort bezeichnet sichtbaren feuchten Dunst, der beim Erhitzen von Wasser entsteht.

Wer Hunger leidet, der schiebt (hat)

Kohldampf.

Gesucht wird ein Werbeträger.

Der wurde vor 164 Jahren erstmals in Berlin aufgestellt.

Der gesuchte zweigliedrige Begriff beginnt mit dem Namen des Erfinders.

Das zweisilbige Endwort nennt einen walzenförmigen, senkrecht im Freien aufgestellten Aufbau mit ca. ein Meter zwanzig Durchmesser.

Im Schwäbischen bezeichnet das Endwort ein Schwein.

Litfaßsäule

Kinder essen ihn gern.

Deshalb wird der süße Kerl bei Kindergeburtstagen oft vernascht.

Im Hunsrückdialekt gibt es ihn noch.

In der sogenannten Hochsprache (neutrale Bezeichnung: Standardsprache) heißt er politisch korrekt Schokokuss.

Mohrenkopf

Das zweigliedrige Wort besteht aus zwei weiblichen Haupwörtern.

Das zweisilbige Kopfwort bezeichnet die Tonkunst.

Das zweisilbige Endwort nennt ein kastenartiges Möbelstück mit aufklappbarem Deckel.

Gesucht wird ein Möbelstück, in das Tonträger und Fernsehapparat eingebaut sind.

Musiktruhe

Den Gegenstand gibt es heute nicht mehr.

Moderne Hygienevorrichtungen haben ihn ersetzt.

Der einsilbige Kopfwort bezeichnet den Zeitraum nach Einbruch der Dunkelheit.

Das ebenfalls einsilbige Endwort ist ein Auffangbehälter.
In früheren Zeiten hat man den Inhalt nächtlich aus dem Fenster gekippt.

Nachttopf

Der besondere Fotoapparat wurde 1947 von dem amerikanischen Physiker Edwin Herbert Land erfunden.
Der zweigliedrige Begriff besteht aus einem Markennamen als Kopfwort und einer anderen Bezeichnung für Fotoapparat als Endwort.
Der Apparat liefert unmittelbar nach der Aufnahme bereits das fertige Bild.
Seit 1963 werden Farbfilme für die Sofortbilder verwendet.
Die Sofortbildkamera ist heute Kult.

Polaroidkamera

Heute benutzt man für den Vorgang eher einen Einmalgegenstand (Tempo).
Die feuchtkalte Jahreszeit lässt einen öfters zu diesem Gegenstand greifen.
Das Kopfwort des gesuchten Begriffs ist der Aufbewahrungsort des Gegenstands.
Das Endwort ist der Stoff (Seide, Leine, Batist), aus dem der Gegenstand besteht.
Beim Naseschnäuzen benutzen wir ein

Taschentuch.

Der nach dem ersten Weltkrieg aus der Mode gekommene Gegenstand war seinerzeit recht teuer.
Er ist an einer Kette befestigt.
Das zweisilbige Kopfwort des gesuchten Begriffs ist der Aufbewahrungsort des Gegenstands.
Das einsilbige Endwort bezeichnet die Funktion des Gegenstands, nämlich die Zeitmessung.

Taschenuhr

Wir suchen ein kleines Häuschen.

Seine Grundfläche beträgt nur etwa einen Quadratmeter.

Zumeist ist es glasumrandet und sein Metallrahmen ist oft rot oder gelb lackiert.

Es wurde erstmals in den USA 1878 aufgebaut.

Man findet dieses Häuschen heute aufgrund technischer Entwicklungen weitaus weniger als in früheren Jahren im öffentlichen Raum.

Doch auch heute noch sichert es dem Benutzer Anonymität.

Deshalb kommt es oft in Kriminalromanen und -filmen vor.

Das Kopfwort des zweigliedrigen Wortes zielt auf den Zweck des gesuchten Begriffs ab.

Das Endwort ist die Bezeichnung des Gehäuses.

Telefonzelle

SPRICHWÖRTER UND REDEWENDUNGEN

Die gesuchte Redewendung besteht aus vier Wörtern: aus zwei Tätigkeitswörtern, einem Gegenstandswort und dem Wörtchen „und".

Die Redewendung rät dazu, ein heißes Getränk von meist goldbrauner bis dunkelbrauner Farbe zu trinken.

Von vorschneller Entscheidung wird abgeraten.

Der lebenskluge Rat lautet. Gedulde dich.

abwarten und Tee trinken

Das gesuchte Sprichwort beschäftigt sich mit zwei Vögeln.

Der Schnabel des einen Vogels und das Sehorgan des anderen sind in dem Sprichwort wichtig.

Der zu Beginn des Sprichworts genannte Angriff des einen Vogels unterbleibt.

Wir haben es mit klugen, gelehrigen Rabenvögeln zu tun.

Die helfen sich gegenseitig bei der Nahrungsbeschaffung.

Die Botschaft des Sprichworts lautet: Gleichgesinnte, etwa Personen einer Berufsgruppe, halten zusammen.

Sie schwärzen sich nicht gegenseitig an.

Ein Arzt zieht nicht über einen anderen Arzt her.

Eine Krähe hackt der anderen kein Auge aus.

In dem Sprichwort gibt es eine dickflüssige Masse sowie ein Ess- und Schöpfgerät.

Die dickflüssige Masse wird Babys verabreicht.

Dazu verwendet man das Essgerät, das heute zumeist aus Plastik besteht.

Nach Aussage des Sprichworts regnet es die dickflüssige Masse.

Botschaft: Sei vorbereitet auf unverhoffte Überraschungen.

Wenn es Brei regnet, muss man Löffel zur Hand haben!

Im Zentrum des gesuchten Sprichworts steht ein Mann.

Dieser Mann, der auch „Mann" genannt wird, ist unbekleidet.

Dennoch spielt der Teil eines Kleidungsstücks in dem Sprichwort eine wichtige Rolle.

Ein Gläubiger fordert von dem Mann Geld zurück.

Der Schuldner kann diese Forderung aber nicht erfüllen.

Ein vergleichbares Sprichwort lautet: „Den Nackten kann man nicht ausziehen."

Greife einem nackten Mann mal in die Hosentasche.

Das Sprichwort setzt sich mit einer Schönheitsfrage auseinander.

Diese Frage betrifft zumeist Männer.

Es geht um deren Kahlkopf.

Den wertet das Sprichwort auf.

Was dem Kopf fehlt, das steht im zweiten Teil des Sprichworts.

Die Aussage des Sprichworts ist eigentlich unsinnig.

Lieber eine Glatze als gar keine Haare.

Das Sprichwort stellt zwei menschliche Haltungen einander gegenüber.

Die erstgenannte Haltung ist negativ, die zweite eine christlich-positive.

Beide Haltungen drücken eine Beziehung Mitmenschen gegenüber aus.

Die erste, die negative Haltung ist, so das Sprichwort, „verdient", die gegensätzliche, die positive aber ein Geschenk.

Neid muss man sich verdienen, Mitleid gibt es umsonst!

In dem Sprichwort spricht eine Person eine andere direkt an.

Sie droht dieser angesprochenen Person.

Ein säureartiges Gewürz, das man bei Bluthochdruck meiden sollte, wird erwähnt.

Der Sprecher kündigt eine Vergeltung an.

Du hast bei mir noch was im Salz liegen!

Du hast bei mir noch eine Rechnung offen!

Das Sprichwort setzt zwei grundsätzliche menschliche Tätigkeiten in einen Gegensatz.

Nahrungsaufnahme und Sprechen bringt das Sprichwort in Konkurrenz zueinander.

Als Dialektsprichwort spielt es sprachlich geschickt mit den Hunsrück-wörtern für Essen und Mund.

Die reimen sich nämlich in der Mundart.

Das Essen kommt besser weg als das Reden.
Besser einen Bissen mehr gegessen, als zu viel geredet.
Besser in Muufel se viel geß, als wie in Moul vull se viel geschwätzd.

In dem Sprichwort geht es vordergründig um einen Reinigungsvorgang.
Der findet in der Regel in einem Badezimmer oder einem Toilettenraum statt.
Das Sprichwort unterstellt aber gerade nicht ganz saubere Geschäfte.
Diese finden zwischen zwei Partnern statt, die sich gegenseitig nicht verraten.
Das Sprichwort meint, dass eine erwiesene Gefälligkeit eine Gegenleistung nach sich zieht.
Hilfst du mir, helfe ich dir.
Eine Hand wäscht die andere.

Mittelpunkt des Sprichworts ist ein Haustier.
Dieses Haustier packt mit seinen Zähnen eines seiner Körperteile.
Dabei dreht es sich im Kreis.
Das Sprichwort setzt eine unauflösbare, ausweglose Situation ins Bild.
Jemand dreht sich sozusagen im Kreis.
Es besteht ein Teufelskreis oder ein Zirkelschluss.
Die Leute fahren wegen schlechter Verbindungen nicht mit dem Bus.
Die Busverbindungen werden gestrichen, weil die Leute nicht mit dem Bus fahren.
Frauenradsport findet in den Medien kaum Aufmerksamkeit.
Folglich gibt es nur wenige Werbeverträge.
Deshalb wird Frauenradsport nur selten im Fernsehen übertragen.
Die Katze beißt sich in den Schwanz.

Das Sprichwort begegnet jedem, während er erwachsen wird.
Das erste Wort bezeichnet die durch praktisches Tun erworbene Kenntnis einer Sache.
Diese Kenntnis erweist sich als lehrreich, vor allem wenn sie sich aus negativen Ereignissen in der Vergangenheit speist.
Dann sagt man: Aus Schaden wird man klug.

Unser gesuchtes Sprichwort beinhaltet aber auch gute Erinnerungen, es ist also allgemeiner gefasst.

Erfahrung ist der beste Lehrmeister.

Klein trifft auf größer.

Flüssig trifft auf fest.

Punktgenau und dauerhaft geschieht das.

So kann eine kleine Menge Flüssigkeit eine Vertiefung in einem Mineral bewirken.

Botschaft: Wer stetig sich bemüht, hat Erfolg.

Steter Tropfen höhlt den Stein.

Ein kleine Menge Flüssigkeit trifft auf ein Mineral.

Das Mineral ist erhitzt.

Beispiel: Jemand ist hoch verschuldet und gewinnt 50 Euro im Lotto.

Botschaft: Das ist viel zu wenig.

Das ist nur ein Tropfen auf den heißen Stein.

Ein Nutztier bewegt sich auf einem ungewöhnlichen Untergrund.

Das Nutztier steht sprichwörtlich für Dummheit und Störrigkeit.

Der Untergrund besteht aus gefrorenem Wasser.

Nutztier und Untergrund beginnen mit demselben Buchstaben.

Botschaft: Wem es gut geht, der wird leicht übermütig.

Wenn es dem Esel zu wohl ist, geht er aufs Eis tanzen.

Es geht um eine befreiende menschliche Äußerung.

Heiterkeit, Freude oder Spott werden durch Stimme und Mimik ausgedrückt.

Man atmet rasch und stoßweise aus.

Das gesuchte Tätigkeitswort (Verb) kommt in dem Sprichwort zweimal vor.

Botschaft: Auch für den, der anfangs Pech hat, kann sich noch alles zum Guten wenden.

Wer zuletzt lacht, lacht am besten.

Das geflügelte Wort ist in die Form eines Wenn-dann-Satzes gekleidet.
Zwei Nutztiere kommen darin vor.
Das eine landet letztlich auf dem Speiseteller, das andere wohl kaum.
Es ist deutlich größer und wird im Sport eingesetzt.
Botschaft: Es ist sinnlos, das Wesen einer Person ändern zu wollen.
Wenn man die Sau sattelt, dann wird daraus kein Rennpferd.

Kleine Nagetiere und ein Nahrungsmittel sind Thema des Sprichworts.
Das Nahrungsmittel ist fett und fleischlicher Natur.
Gemeint ist etwa eine Situation am Montagmorgen: Schnäppchenjäger drängeln sich vor dem Eingang, weil Aldi eine begrenzte Menge Elektro-Fahrräder zum Spottpreis anbietet.
Das Sprichwort lässt also auch einen Mangel an Fairness anklingen.
Mit Nüssen lockt man Eichhörnchen, mit Würmern Fische.
Botschaft: Mit dem richtigen Köder kann man jeden für sich gewinnen.
Mit Speck fängt man Mäuse.

Eine Jahreszeit und ein Zugvogel bilden den Kern des Sprichworts.
Der Zugvogel kehrt im Frühjahr aus wärmeren Gebieten, z.B. Afrika zu uns zurück. Der Zugvogel und die Jahreszeit haben denselben Anfangsbuchstaben.
Der Auftaktsieg eines Bundesligaaufsteigers bedeutet noch lange nicht, dass er die Klasse halten wird.
Ein einzelnes gutes Ergebnis bedeutet nicht zwangsläufig, dass der Umschwung zum Besseren hin geschafft ist.
Eine Schwalbe macht noch keinen Sommer.

Es geht um ein großes Gefäß mit kreisrundem Boden oben und unten.
Zumeist besteht es aus Holz und wird mit Reifen zusammengehalten.
Alkoholische Getränke werden in ihm aufbewahrt.
Das Sprichwort entstand in Bayern im Jahr 1516, als dort ein Reinheitsgebot für die Bierherstellung durchgesetzt wurde.
Stellte man bei der Überprüfung dieses Gebots fest, dass man dagegen verstoßen hatte, wurde
dem Fass der Boden ausgeschlagen.
Motto: Das ist ungeheuerlich, ein Skandal, eine Unverschämtheit.

Das Sprichwort beschäftigt sich mit einem im Wasser lebenden Wirbeltier.

Dieses Tier verbreitet einen üblen Geruch.

Der hat seinen Ausgangspunkt, anders als man vermuten könnte, von seinem Haupt, seinem Schädel aus.

Botschaft: Die schlechte Stimmung eines Unternehmens, eines Vereins etc. verursacht der Chef.

Der Fisch stinkt vom Kopfe her.

Das Sprichwort beschäftigt sich mit den risikoreichen Folgen dessen, was man sagt.

Es besteht aus vier Wörtern.

Ein Hauptwort leitet das Sprichwort ein, ein anderes Hauptwort beendet es.

Das abschließende Hauptwort bezeichnet Körperteile.

Das einleitende Hauptwort meint das Gegenteil von Wahrheit.

Man merkt es bald, dass jemand gelogen hat, lautet die Botschaft.

Lügen haben kurze Beine.

Ein Nutztier befindet sich in ungewöhnlicher Lage.

Ein weibliches Hausrind hat sich auf eine spiegelglatte Fläche gefrorenen Wassers verirrt.

Bliebe es dort, fröre es fest oder bräche ein.

Botschaft: Man muss angesichts einer problematischen Situation eine Lösung finden.

Beispiel: politische Konflikte durch Kompromisse entschärfen.

die Kuh vom Eis bekommen

Ein Nutztier und die Tür eines landwirtschaftlichen Gebäudes stehen im Mitelpunkt der gesuchten Redensart.

Das einsilbige Nutztier ist ein weibliches Rind.

In dem Gebäude werden Heu und Stroh gespeichert.

Die Botschaft der Redensart lautet: Man ist angesichts einer neuen Situation völlig ratlos.

Beispiel: ältere Menschen und Computer

dastehen wie die Kuh vorm Scheunentor

Es geht um ein Nutztier.

Dessen Name ist einsilbig.

Das Nutztier ist, so das Sprichwort, akustisch deutlich wahrnehmbar.

Es hat nämlich etwas abbekommen.

Botschaft: Wenn jemand einer Sache beschuldigt wird und sich allzu lautstark dagegen wehrt, hat er wohl etwas mit der Sache zu tun.

Getroffener Hund bellt.

Die gesuchte Redensart sagt etwas über eine Gemütsregung aus.

Die Redensart thematisiert einen Körperteil des Menschen.

Dieser Körperteil ist zweisilbig.

Eine Person behauptet unsinnigerweise, mit den Zähnen in ihr Gesäß beißen zu können.

Die Person ärgert sich über sich selbst.

sich in den Hintern beißen.

Ein öffentliches Gebäude steht im Zentrum der Redensart.

In vielen Ortschaften gibt es zwei dieser Gebäude, die nicht selten nahe beieinander gebaut wurden.

Beide Gebäude werden heute nicht mehr oft aufgesucht, das eine Gebäude zumeist noch weniger als das andere.

Botschaft: Man soll nichts über Gebühr tun oder verlangen. Man soll nichts übertreiben. Es geht auch eine Nummer kleiner.

Die Kirche aus dem Dorf hinauszuverlegen wäre eine so sinnlose wie aufwendige Arbeit.

die Kirche im Dorf lassen

Ein kleines Tierchen heißt so.

In der Realität gibt es dieses Tierchen gar nicht.

Es ist ein Fabelwesen.

Der Volksglaube sagt, man könne es nachts in einem Sack einfangen.

Wer dieses Fabeltier fängt, der verrichtet eine unnütze Arbeit.

Die Botschaft der Redensart lautet: Jemand bemüht sich um etwas, das es in Wirklichkeit gar nicht gibt.

Dilldabbe, Dilldappe fangen

Die gesuchte Redensart beginnt mit einer Handlung und endet mit einem im Verhältnis zur Handlung recht großen Gegenstand.

Der erste Begriff ist ein von einem Bewegungsverb abgeleitetes einsilbiges Hauptwort.

Das zweite Wort besteht aus zwei einsilbigen Hauptwörtern.

Dessen Kopfwort bezeichnet eine Umgrenzung oder Abgrenzung.

Dessen Endwort ist ein langes, rundes oder kantiges Stück Holz oder Stahl, das an einem Ende zugespitzt ist.

Es dient der Befestigung der Abgrenzung.

Die gesuchte Redensart ist ein indirekter, aber sehr deutlicher Hinweis, eine überaus deutliche Anspielung auf das, was der Sprecher beabsichtigt.

ein Wink mit dem Zaunpfahl

Wir suchen ein biblisches Sprichwort.

Es beschäftigt sich zunächst mit einem Vorgang, der völlig unmöglich ist.

Großer Besitz stehe dem Seelenheil entgegen, sagt der zweite Teil des gesuchten Sprichworts

Ein großes Last- und Reittier und eine längliche Öffnung am oberen Ende einer Nähnadel werden in einem Atemzug genannt.

Beispiel: Eher stürzt der Himmel ein, als dass der deutsche Staat pleitegeht.

Eher geht ein Kamel durch ein Nadelöhr, als dass ein Reicher in das Reich Gottes gelangt.

Das Wachstum von Holzgewächsen ist begrenzt.

Wenn im Freien die Augen nach oben gehen, schaut man zu ihm hin.

Das Sprichwort verneint einen Vorgang.

Es setzt ihm Grenzen.

Botschaft: Erfolg hat Grenzen.

Beispiel: Unendliches Wirtschaftswachstum ist unmöglich.

Die Bäume wachsen nicht in den Himmel.

Ein ganz junger Mensch gerät in eine Anlage zur Gewinnung von Grundwasser.

Botschaft: Das Unglück ist bereits geschehen. Es ist zu spät.

Ähnliches Sprichwort (ohne die fatalistische Begleitmusik): Die Würfel sind gefallen.

Beispiel: Der Schüler ist sitzengeblieben.

Das Kind ist in den Brunnen gefallen.

Eine Waffe und ein Körperteil sind Thema der gesuchten Redensart.

Eine Schusswaffe mit langem Lauf, die man mit beiden Händen bedient, wird am Anfang der Redewendung genannt.

Den dann genannten untersten Teil des Beines kleiden Schuhe.

In dessen Nähe steht laut Redewendung die Schusswaffe.

Jemand ist aufmerksam und bereit, notfalls einzugreifen, lautet die Botschaft.

Gewehr bei Fuß stehen

Er kann nicht länger warten.

Etwas geht kaputt.

Es ist ein Bild für Ausdauer und Langmut.

Dieses Bild existiert nur als Vorstellung, nicht als sinnlicher Gegenstand.

Der zweigliedrige Begriff steht am Ende des Sprichworts.

Er besteht aus einem abstrakten Kopfwort und einem konkreten Hauptwort als Endwort.

Der Begriff wird nur in der gesuchten Redewendung verwendet.

Botschaft der Redewendung: Jemand verliert die Geduld.

Jemand reißt der Geduldsfaden.

Die Redensart ist, wörtlich genommen, mit einer körperlichen Anstrengung verbunden.

Da muss man je nach Person schon ein beachtliches Gewicht stemmen.

Die Redensart zielt aber auf diese Person ab und nicht auf den, der sie hoch hebt.

Die Aussage lautet: jemanden zum besten haben, sich auf seine Kosten lustig machen.

jemanden auf den Arm nehmen

Wörtlich genommen mutet eine Person einer anderen einen körperlichen Kraftakt zu.

Dabei muss letztere schnell reagieren, um Schlimmeres zu verhindern.

Die Redensart zielt jedoch darauf ab, dass diese zweite Person ausgebremst wird.

Sie wird daran gehindert, etwas, das man vereinbart hat, in die Tat umzusetzen.

Die Aussage lautet: jemanden an etwas hindern.

jemandem in den Arm fallen

Ein Eid wird gemäß der gesuchten Redensart abgelegt.

Der Eid bezieht sich auf zwei einsilbige Hauptwörter, die sich reimen.

Das erste Hauptwort ist eine feste mineralische Masse, die in Hauswänden verbaut wird.

Das zweitgenannte Hauptwort ist das Gliedmaß, mit dem Mensch und Tier sich fortbewegen.

Die Botschaft der Redensart lautet: etwas mit Nachdruck versichern.

Jemand schwört Stein und Bein.

Die Redensart verbildlicht das Thema Misserfolg.

Sie besteht aus zwei zweisilbigen Tätigkeitswörtern.

Beide Wörter nennen Fortbewegungsarten.

Die erste Fortbewegung findet im Wasser statt, die zweite an Land.

Mit seinen hochfliegenden Plänen ist er baden gegangen.

baden gehen

Die gesuchte Redewendung besteht aus einem Hauptwort und einem Tätigkeitswort.

Das Hauptwort ist zweigliedrig.

Es besteht aus einem einsilbigen Kopf- und einem zweisilbigen Endwort.

Das Kopfwort ist eine derbe Bezeichnung für den Mund.

Das Endwort nennt menschenähnliche Tiere.

Das Tätigkeitswort ist veraltet. Es bedeutet: etwas zum Verkauf anbieten.

Die Botschaft der Redensart lautet: Jemand steht gaffend herum.

Maulaffen feilhalten

Wir suchen einen Begriff, der aus zwei eigenen Wörtern besteht. (Beispiel: Gas geben)

Das Kopfwort ist ein Hauptwort.

Dieses Hauptwort gibt es nur in der Verbindung mit dem gesuchten Begriff.

Das zweite Wort des gesuchten Begriffs ist ein geläufiges Tätigkeitswort, das z.B. „erfassen", „ergreifen" bedeutet.

Beide Wörter des gesuchten Begriffs sind zweisilbig.

Dieser Begriff bedeutet so viel wie „entfliehen", „schnell weglaufen".

Beispiel: Vor dem großen Hund nahm der Junge Reißaus.

Reißaus nehmen

Es geht es um die Art und Weise, wie man isst.

Der zentrale zweigliedrige Begriff kommt nur in der gesuchten Redensart vor.

Der Begriff besteht aus zwei zweisilbigen Hauptwörtern.

Das Kopfwort nennt landwirtschaftliche Speichergebäude.

Das Endwort bezeichnet eine männliche Person, die drischt.

Die Botschaft lautet: Jemand verspeist unmäßig viel.

wie ein Scheunendrescher essen

Im Mittelpunkt der gesuchten Redensart steht ein wenig angesehener handwerklicher Beruf.

Wir haben es mit einer Art Kupferschmied zu tun, der zu dem sogenannten fahrenden Volk gehört und – oft unflätig - schreiend von Haus zu Haus zieht.

Eingesammelte kaputte Töpfe und Pfannen bereitet er wieder auf.

Diese Arbeit ist in dem zweigliedrigen Begriff des Berufs zu erkennen, um den es in der Redensart geht.

Gemäß der gesuchten Redensart kriegen sich Streithälse lauthals und ausfällig in die Haare.

wie die Kesselflicker streiten

SPRICHWÖRTER UND REDENSARTEN IN REIMEN

Reimergänzungen im Chor ermöglichen erfahrungsgemäß Erfolgserlebnisse. Meine Zuhörer erleben hier etwas, was sie verbindet. Sprichwörter und Redensarten sind tief im kollektiven Gedächtnis der älteren Generation verankert.

Eine Variante geht so: Man gibt Schlüsselwörter eines Sprichworts vor und lässt es suchen. Beispiel: Spatz, Taube, Dach. Also: Der Spatz in der Hand ist besser als die Taube auf dem Dach.

Der Mensch lebt nicht vom Brot … (allein).
Die letzten werden die Ersten … (sein).
Wer nicht kommt zur rechten … (Zeit),
der muss essen, was da übrig … (bleibt).
Viele Köche verderben den … (Brei).
Aber aller guten Dinge sind … (drei).
Alles hat ein Ende, nur die Wurst hat … (zwei).
In der größten Not da schmeckt die Wurst auch ohne … (Brot).
Gut gekaut, sagt man, ist halb ver … (daut).
Nach dem Essen sollst du ruh'n oder tausend Schritte … (tun).

Morgenstund hat Gold im … (Mund).
Kräht der Hahn früh auf dem … (Mist),
ändert sich's Wetter oder es bleibt so, … (wie es ist).
Wo man singt, da lass dich ruhig … (nieder),
böse Menschen kennen keine … (Lieder).
Morgen, morgen, nur nicht … (heute),
sagen alle faulen … (Leute).
Aufgeschoben ist nicht aufge … (hoben).

Es gibt nichts Gutes, außer man … (tut es).
Wenn dich die bösen Buben locken,
dann sollst du in der Stube … (hocken).

Ein gutes Gewissen ist ein sanftes Ruhe … (kissen).
Doch einerseits: Gelegenheit macht … (Liebe).
Und andrerseits: Gelegenheit macht … (Diebe).
Denn Jugend, die kennt keine … (Tugend).
Dabei sagt Erfahrung: Steter Tropfen höhlt … (den Stein).
Wer möchte nicht im siebten Himmel … (sein)!

Mit Speck fängt man … (Mäuse).
Da lachen selbst die … (Läuse).
Der Hund in der Pfanne wird ver ... (rückt).
Mit fremden Federn hat er sich ge … (schmückt).
Das Schlitzohr raspelt Süßholz ohne Ende,
das läutet für ihn ein die … (Wende).
Sie hat Schmetterlinge im Bauch.
Alles andre ist nur Schall und … (Rauch).
Die Katze beißt sich in den … (Schwanz).
Honig um das Maul ihr schmieren, ja er … (kann's).
Einen Stein hat er bei ihr im … (Brett).
Und mir nicht dir nichts liegen sie im … (Bett).
Rubbel die Katz. Ratz … (fatz).
Genug der dummen schlauen Sprüche.
Haut ab, bevor ich euch er … (wische).

Wer andern eine Grube gräbt, fällt auch mal selbst … (hinein).
Drum denk daran: Was du nicht willst, das man dir … (tu'),
das füg auch keinem andern … (zu).
Denn Glück und Glas, wie leicht bricht … (das).
Wer den Schaden hat, der braucht für … (Spott nicht zu sorgen).
Drum: Was du heute kannst besorgen, … (das verschiebe nicht auf morgen).
Willst du nicht am Pranger stehen,
musst du schon auf Nummer … (sicher gehen).

Lehrers Kinder, Pfarrers Vieh gedeihen selten oder … (nie).
Denn wie die Alten sungen, so zwitschern auch … (die Jungen).
Arbeit ist das halbe … (Leben).

An Gottes Segen ist alles ge … (legen).
Müßiggang ist aller … (Laster Anfang).
Den Esel meint man, den Sack schlägt … (man).
Muss ist eine harte … (Nuss).
Ohne Fleiß … (kein Preis).
Probieren geht über … (studieren).
Ist das Geschäft auch noch so klein,
es bringt doch mehr als Arbeit … (ein).

Gut Ding will … (Weile haben).
Drum lass dich nicht ins Bockshorn … (jagen).
Je größer der Narr, desto größer der … (Schaden).
Wie ein Elefant im allbekannten Porzellan … (laden).
So lassen sich der Fliegen zwei mit einer Klappe … (schlagen).
Wie gewonnen, so … (zerronnen).
Der Teufel, der scheißt immer auf den großen … (Haufen).
Die kleinen Diebe hängt man, die großen lässt man … (laufen).
Das Bäumchen biegt sich, doch der Baum nicht mehr.
Aller Anfang ist nun einmal … (schwer).
Was Hänschen nicht lernt, lernt Hans nimmer … (mehr).

Große Ereignisse werfen ihre Schatten … (voraus).
Eine Krähe hackt der anderen kein Auge … (aus).
Die Raben lässt man fliegen, die Taube muss es … (kriegen).
In der Not, da frisst der Teufel … (Fliegen).
Das ist ein Buch mit sieben … (Siegeln).

Bei solchen Freunden braucht man keine Feinde … (mehr).
Der Fisch, er stinkt vom Kopfe … (her).
Wie der Herr, so's … (Gescherr).
Wer gut schmiert, der gut … (fährt).
Und willst du nicht mein Bruder … (sein),
so schlag ich dir den Schädel … (ein).
Wo Rauch ist, da muss auch Feuer … (sein).
Da sitzt er wie der Affe auf dem … (Stein).

Weggegangen, Platz ver … (gangen).
Mitgegangen, mit … (gefangen), mit … (gehangen).
Wer einmal lügt, … (dem glaubt man nicht),
und wenn er auch … (die Wahrheit spricht).
Ist der Ruf mal … (ruiniert),
lebt es sich ganz … (ungeniert).

Wer schreibt, der … (bleibt).
Was juckt's die Eiche, wenn sich die Wildsau an ihr … (reibt).
Die Feder ist mächtiger als das … (Schwert).
Eigener Herd ist Goldes … (wert).
Trenne nie st, denn es tut den beiden … (weh)! (Gilt nicht mehr!)
Die größten Kritiker der Elche waren früher selber … (welche).
Der Lauscher an der Wand, der höret seine eigene … (Schand).
Glücklich ist, wer vergisst, was nicht mehr zu ändern … (ist).
Bescheidenheit ist eine Zier, doch es geht auch … (ohne ihr).

Bier auf Wein, das lass … (sein).
Wein auf Bier, das rat ich … (dir).
Wer die Wahl hat, hat … (die Qual).
Erst wägen, dann … (wagen).
Käse schließt den … (Magen).
Wer A sagt, muss auch B … (sagen).
Wo Fuchs und Hase gute Nacht sich … (sagen),
da will man nicht am Hungertuche … (nagen).
Was man nicht im Kopfe hat, muss man … (in den Beinen haben).
In Gefahr und höchster Not bringt der Mittelweg … (den Tod).
Unverhofft kommt … (oft).

Jedem Tierchen sein …. (Pläsierchen).
Zwei, die niemand will, geben auch ein … (Pärchen).
Selbst ein schöner Rücken kann … (entzücken).
Oder: Vorne hui und … (hinten pfui).
Ein Deckel, der gehört auf … (jeden Topf).
Das trifft den Nagel … (auf den Kopf).
Auch ein blindes Huhn findet mal … (ein Korn).

Mal liegt's hinten, mal liegt's … (vorn).
Nachts sind alle Katzen … (grau).
Dann ist manch einer stolz wie'n … (Pfau).
Da beißt die Maus nun keinen Faden … (ab).

Der Spatz in der Hand ist besser,
das wusste schon Brechts Mecki … (Messer),
als die Taube auf dem … (Dach).
Das gilt ja ohne Weh und … (Ach).
Trautes Heim, Glück … (allein).
Was sich liebt, das … (neckt sich).
Alte Liebe rostet … (nicht).
Alter schützt vor … (Torheit nicht).
Die Katze lässt das … (Mausen nicht).

Haste nichts, biste … (nichts).
Haste was, biste … (was).
Wasch mir den Pelz, aber mach mich nicht … (nass).

Einem geschenkten Gaul schaut man nicht … (ins Maul).
Im Dunkeln, da ist gut … (munkeln).
Was ich nicht weiß, das macht mich … (nicht heiß).
Wenn es dem Esel zu wohl ist, geht er … (auf's Eis).
Und wenn du glaubst, es geht nicht … (mehr),
da kommt von irgendwo ein Lichtlein … (her).
Weniger ist meist … (mehr).
Der Apfel fällt nicht weit … (vom Stamm).
Die Axt im Haus erspart den Zimmer … (mann).
Wem der Schuh passt, der zieht ihn sich auch … (an).
Gleich und Gleich gesellt sich … (gern).
Das ist des Pudels … (Kern).
Ein Schelm, wer Böses dabei … (denkt).
Das Beste kriegt man oft ge … (schenkt).
Wer jedoch das Kleine nicht ehrt, der ist das Große nicht … (wert).

Langer Rede kurzer … (Sinn). Erfahrung spricht:
Der Krug, der geht zum Brunnen, bis er … (bricht).
Nicht mit Steinen werfen sollte, wer im Glashaus … (sitzt).
Wer Wind säht, der wird … (Sturm ernten), unkt der Rat erhitzt.
Der Rat der Weisen, er packt es an, das heiße … (Eisen):
Geld regiert ... (die Welt), man kann es kaum er … (tragen).
Moloch Mammon zu verjagen, darf man nicht ver … (zagen).
Ohne Wenn und Aber muss man neue alte Wege… (wagen):
Führen gute Wege nicht nach Wittenberge oder Rom?
Wer's glaubt wird … (selig). Ich geh mal eben in den … (Dom).

Gerd Tesch, 1950 im Hunsrück-
dorf Pfalzfeld geboren, studierte
an der Johannes Gutenberg-Uni-
versität Mainz Germanistik, All-
gemeine   Sprachwissenschaft,
Politikwissenschaft und promo-
vierte in Philologie. Er arbeite-
te in etlichen rheinland-pfälzi-
schen Gymnasien, zuletzt bis
zur Pensionierung als Schullei-
ter des Gymnasiums Kirn. Bislang hat er vier Kriminalromane
sowie einen Band mit Kurzge-
schichten veröffentlicht.

WEITERE BÜCHER VON GERD TESCH

Tod am Radweg, 2016,
ISBN 978-3-941200-55-5
Preis 10,90 €

Hunsrück-Wolf, 2017,
ISBN 078-3-941200-60-9
Preis 10,90 €

Hunsrück-Skandal, 2019,
ISBN 978-3-942200-73-9
Preis 10,90 €

Eisbergiade, 2019,
ISBN 978-3-941200-77-7
Preis 10,90 €

Gestern ist heute – Ein Vorleser auf
Entdeckungsreise im Altenheim,
2018,
ISBN 978-3-941200-67-8
Preis 17,90 €